［日］小川直树 著

宋甜甜 译

高情商说话术

中国友谊出版公司

图书在版编目（CIP）数据

高情商说话术 / （日）小川直树著；宋甜甜译. ——
北京：中国友谊出版公司，2021.1

ISBN 978-7-5057-5067-8

Ⅰ. ①高… Ⅱ. ①小… ②宋… Ⅲ. ①语言艺术－通
俗读物 Ⅳ. ① H019-49

中国版本图书馆 CIP 数据核字 (2020) 第 230031 号

著作权合同登记号　图字：01-2020-6912

HITOMAE DE HANASUTAME NO KIITEMORAU GIJUTSU
BY Naoki OGAWA
Copyright © Naoki Ogawa, 2016
Original Japanese edition published by Sunmark Publishing Inc., Tokyo
All rights reserved.
Chinese (in Simplified character only) translation copyright © 2021 by Beijing Standway
Books Co., Ltd.
Chinese (in Simplified character only) translation rights arranged with
Sunmark Publishing, Inc., Tokyo through Bardon-Chinese Media Agency, Taipei.

书名	高情商说话术
作者	［日］小川直树
译者	宋甜甜
出版	中国友谊出版公司
发行	中国友谊出版公司
经销	新华书店
印刷	河北鹏润印刷有限公司
规格	880×1230 毫米　32 开
	7 印张　117 千字
版次	2021 年 1 月第 1 版
印次	2021 年 1 月第 1 次印刷
书号	ISBN 978-7-5057-5067-8
定价	45.00 元
地址	北京市朝阳区西坝河南里 17 号楼
邮编	100028
电话	(010) 64678009

前　言

"反复斟酌了一晚上的自我介绍，自己感觉已经说得很好了，但听众们却没什么反应。"

"在婚礼上，几乎没有人听我的致辞。"

"在面试中，我把准备好的内容都说了出来，但总觉得对方没有认真听。"

"为什么女朋友最近在听我说话时，总是一脸无聊呢？"

大家是否有过类似的烦恼？

我想告诉各位一件非常重要的事情：**基本上，人都不会认真听别人讲话。**

迄今为止，我在学校里教过很多学生；也在校外做过讲师，教过很多社会人士；作为语言学家和语音学家，我也一直在观察人们是如何使用语言进行交流的。最终，我得出了上述这个十分露骨的结论。

老师经常会要求学生："我说的每一句话，你们都应该好好听着！""你们身为学生，当然要听我的话！"可学生们想的却是："我才不想听老师说话呢！又无聊又烦人！"

想必大家都能理解这种心情吧？

上课走神，眼望窗外；偷偷给其他同学传纸条；和同桌窃窃私语；给书中的人物插图画上胡子和伤口……每个人在学生时代肯定都做过这些事。所以老师们才会常常怒吼着那些我们耳熟能详的话："头转过来看着我！""你在好好听课吗！"等等。

每当这时，学生们便会安静下来，面向黑板，开始假装听课。

但是，学生们真的在听课吗？老师们说的这些话他们真的听进去了吗？

这又是另一个问题了。

学生们表面上装作一副正在听课的样子，心里想的却是：

"啊，今天是《周刊少年JUMP》的发售日！""今天晚上有足球赛转播！"之类的事情。

你曾经是不是也干过这样的事情呢？

而我所追求的，并不是这种表面功夫。因为我也拿那些装作自己在听课的学生没办法。

我认为最重要的是：我们能将自己想要表达的事情，真真切切地传达给对方。

为此，我进行了许多次尝试与摸索。

首先，我所注意到的是，在教师和学生之间存在着一条鲜明的"分界线"。

教师通常把自己定位为"说话者"，而学生则认为自己是被迫的"听话者"。这样说话者和听话者之间就存在着一条"分界线"，清楚地把"我这边"和"他那边"分隔开来。

这条线也像是一堵坚固的墙，被其分隔开的两侧则变成了完全对立的存在。

其实教师也是从学生时代走过来的，理应能明白学生的种种心情。但却因为这条分界线的存在，教师和学生变成了无法互相理解的对立关系。

其次，我还意识到了另外一件事情。

在我执教的大学的教师办公室里，有一位老师说："我太难了，Ａ同学在我课上态度非常不好。"，话音刚落，另一位老师也接着说："Ａ同学在我课上也是这个样子，他就是个问题学生。"可这位Ａ同学，在我的课上却非常听话。

于是我意识到：我们并不能简单地判定一个人是"听话"还是"不听话"。

即便是同一个人，也会有时专心听别人讲话，有时根本不听。而且，一个人"听话"或是"不听话"，取决于说话者是谁。

在意识到这些事后，为了让别人愿意听我说话，我不惧失败，进行过许多次尝试。

庆幸的是，身为教师，我有很多机会可以尝试。我注意到：即使是同一个学生，在我课上每天表现出的态度也会不一样。

每天在教室里，我都能看到各式各样的表情。有看起来昏昏欲睡的，有看起来坐立不安的，有一直盯着钟表看的，也有看起

来一脸不高兴的，当然也有全神贯注听我讲课的学生。（笑）

那么，我要怎么做才能让这些脸色阴晴不定的"听众们"愿意听我说话呢？

在不断进行尝试摸索后，我终于成功找到了这个问题的答案。

并且，我在实际生活中的不同场合都对这个答案做过测试。时至今日，我也仍在不断地对这个技巧进行训练。

现在，不论听众是男女老少，我的演讲和讲座都能在和缓的氛围下顺利进行。我想表达的事情也都能如愿传达给听众。在我想逗大家笑时，听众们也会欢声雷动。(当然也冷场过许多次……)也经常会有参加过我的讲座的人跟我说："听您的演讲，时间过得特别快！"

在经历过这些尝试摸索后，我最终研究出了"让别人愿意听我说话的诀窍"，并且首次将其以书籍的形式公开。

这些诀窍是我作为教师，从日常教学活动中测试总结出来的。

除此之外，我还是一名语言学家。我所介绍的诀窍，正是诞生在这种双重背景下。

它们适用于所有需要讲话的场合。

只要你掌握了这些诀窍，不论听众是谁，你都能完美应对。

虽然我用了"诀窍"这个词，但并不意味着它是动动嘴便能掌握的技巧。

如果想让别人愿意听我们说话，大前提是我们必须对听众怀有最基本的尊重。

你想让谁听你说话呢？

你的听众是学生？还是顾客、游客？抑或是你的上司、下属和同事？

即便我们不当众讲话，在每天的日常生活中，面对自己的朋友和恋人，以及夫妻和亲子之间，都有很多需要沟通的事情。

不论对话双方是什么关系，不论对话是在什么情况下进行的，在沟通中，最重要的就是做到尊重对方。

如果你想让对方听你说话，如果你想表达自己，那就不能缺少对"听众"的感谢和尊重。

总而言之，我衷心希望本书能够帮助大家改善日常的沟通与交流。

小川直树

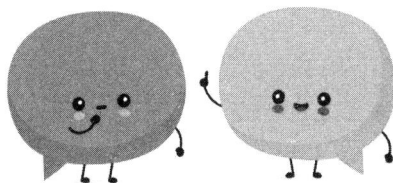

目 录

CONTENTS

第三章 "hold 住全场"的秘密

第四章 立竿见影的沟通技巧

第五章

如何让对方"听了还想听"

第六章　如何搞定高难度的沟通场景

第一章

高情商表达的关键原则

为什么会出现"聊不来"的现象

我曾经做过一些咨询，来咨询的对象都苦恼于参加了很多次相亲派对，却还是遇不到心仪的人。

详细询问后，他们会说："我和那些相亲对象完全聊不来，所以感情总是无疾而终。"

那么，为什么会聊不来呢？

大家知道相亲派对的流程吗？这个流程似乎是问题所在。

大型相亲派对一般会采取每三分钟换一次相亲对象的模式，这是因为主办方考虑到，要在最大程度上让一个人接触到更多人。

话虽如此，但短短三分钟内做到互相了解是不可能的事。因此，**我们必须要在三分钟之内对对方做一个评判。这样一来，每**

个人就都成了审查官，要对别人进行"选拔"和"淘汰"。

在这种情况下，人们都会以怎样的标准来"审查"别人呢？

男性的评判标准其实非常简单，首要的就是外表。

与其说是评判标准，倒不如说在最初的阶段，男性只能关注到女性的外表。然后，他们会在心中对其做出判断：如果是自己喜欢的类型，就画"√"，如果不是自己喜欢的类型，就画"×"。这之后，男性只会对那些画"√"的女性发起攻势。

那么女性的情况又如何呢？

女性也会对男性的外貌类型有偏好，也会在心里偷偷用"√""×"打分。但是她们并不会把这一点明显地表现出来。因为她们期望更多的男性选择自己，然后再从众多选项里选出最好的那个人。

女性普遍存在这种欲望。

这样一来，相亲派对上短短的三分钟，就等同于一场面试。

男性是"主动选择的一方"，女性是"被选择的一方"。

双方的立场不同，自然而然就会出现"分界线"。

男女双方会在分界线的两侧各自采取不同的行动。

男性的想法是"我想主动选择自己喜欢的类型"，女性的想法是"我想被更多的人选择"。

双方之间并没有互相尊重，也就无法产生良好的互动。

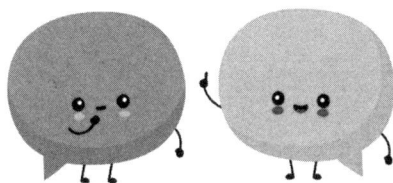

学会说话之前，先得学会接话

在相亲派对上聊不起来的另一个原因是双方采取了"一问一答式"的对话模式。比如：

问："你的兴趣是？"
答："看电影。"

而提问者对这个回答没有做出任何反应，立刻就转向了下一个问题。继续问：

"你喜欢吃什么？"

这简直就像中学英语课本中第一页的对话：

"这是笔吗？"

"不，这不是笔。"

"那是桌子吗？"

"是的，那是桌子。"

这种对话很奇怪吧！听起来像是在对话，实际上却没有做任何交流。不擅长与别人沟通的人往往会陷入这种对话模式。

在这种语言交流模式下，不用说三分钟，即使是一个小时，双方也无法进行真正的交流。

如果将沟通交流比作打网球，那么绝不是将球扣到对手接不到的地方，而是要向对方打去一个容易回击的球，将双方对打的时间拉长。

也就是说，最重要的不是打自己好打的球，而是打出对方容易接，并且能轻松打回来的球。

对方好不容易告诉你"我喜欢看电影"，那你就要接着问关于他所喜欢的电影的事情。

比如："你喜欢看什么电影呢？""最近都看过什么电影

呀？""有什么特别推荐的电影吗？"如果你接着问这类问题，那对方的话匣子自然而然就会慢慢打开。

不管是谁，都乐于讲述自己喜欢的事情。所以，我们要给对方充足的时间，聊一些对方感兴趣的话题。

如此一来，对方也会开始聊关于你的事情。

比如"那你喜欢做什么呢？"

我们从这时起，再开始聊自己的事情也为时不晚。

而且此时的对方，会想主动打破存在于你们之间的那条分界线。

不过，肯定会有人担心："啊？相亲派对上的时间这么有限，如果只让对方说话，那时间岂不是很快就结束了吗？"

其实不然，这种情况下，我们的机会反而更大了。

因为不论是谁，都会十分开心有人能热心倾听关于自己的事情，这样一来，对方对你的印象就会更加深刻。很可能会对你说出，"那我们下次再慢慢聊吧"之类的话。如此一来，你们之间就有了下次见面聊天的机会。

"全都说" 不如 "说重点"

求职是一个需要我们不断进行"自我展示"的过程。

求职面试中，有的公司会采取群体面试的方式，每位求职者需进行一分钟的自我介绍。有的公司面试时间则较为充裕，会对求职者进行单独面试。

但不论在哪种面试中，很多找工作的年轻人都容易犯下一个常见的错误：在面试中，提供太多信息。

求职者常常试图传达许多信息给面试官，为了让他们充分了解自己，通常是这个也想说，那个也想说。

其实，这种心情并不难理解。只是在很多情况下，这种做法只会适得其反。

因为这类求职者首先想到的是尽可能多地向面试官传达个人

信息，一股脑地把自己准备好的东西全都说出来，而不管对方是否听得进去。

但是在面试中，**重要的不是"全都说出来"，而是把信息"传达"给对方。**

许多人常常误解了这一点。所以，越是那些认真准备面试的人，越容易在求职过程中犯这种错误。

他们会把想说的话写成稿子，在家里反复练习，以便面试当天的语言表达能更流畅一些。

但是，这种做法却忽略了听话者的感受。

一味地背诵记忆的内容，就会忽略听话者对自己讲话的反应。更有甚者，看到面试官的反应不佳，连自己背过的东西都想不起来。这样不就是本末倒置了吗？

大家知道切凉粉的感觉吗？

把一大块儿凉粉放在切块器中，从一侧用力按压切块器，被切成一块块的凉粉就会从另一侧出来。

一味地自说自话的求职者就会给人这种感觉。

他们所表达的信息就像是一块块的凉粉，让面试官无从下口，也无法全部消化。但求职者们还是自顾自地不断按压切块器，源源不断地将一块块凉粉放在面试官面前。

此时的面试官，内心肯定极其为难。

因为他们并不需要这些"凉粉"，所以即使错过，面试官的内心也不会在意。

同理，如果我们向面试官同时展示很多东西，反而会让他们无法捕捉重点，从而也记不住你的任何特点。

所以最重要的是，在说话时我们要好好注视对方，慢慢地表达自己。这样我们才能随时观察对方的反应。

在求职面试中，面试官基本上不会仔细听求职者们说的内容。

面试官们更在意的是求职者的说话方式、表情和视线，以及在面试官点头表示肯定，歪头表示疑问的时候，求职者们是否能准确捕捉到自己的表情变化，并据此随时调整谈话内容。

但是，求职者（学生）们通常却是一个劲儿地谈论自己学生时代的各种辉煌事迹。

这样一来，说话者（求职者）和听话者（面试官）之间就很难产生像对打网球那样顺畅的沟通与交流了。

面试也是一种沟通交流。

而不是单方面进行自我展示的报告大会。

话说回来，如果在面试中，求职者只是原原本本地陈述自己背诵过的内容，那还不如把自己写的稿子交上去呢。

其实不仅是刚毕业要找工作的学生会犯这种错误，就连很多已经参加工作的社会人士也常犯类似的错误。

有些人会在讲话前给听众分发资料，并说："大家手头的资料上印有我今天要讲的内容"。到真正讲话时，却依然是照本宣科读资料上的内容。

也有些专家讲师，不论在哪里开讲座，每次所讲的内容都一模一样。如果是这样，还不如录个视频在每次的讲座上播放呢。

说话者和听话者都特意花时间进行面对面地交谈，所以说话者必须要多费点心思，好好思考自己的演讲内容，不要做不见面也能做到的事。

我想让大家重视的是，此时此地，与听话者面对面在一起的意义。这也是对听话者最基本的尊重。

我们应该去做那些只有在现场面对面才能做到的事。

所以，在进行面对面地交谈时，我们要边观察对方的反应，边调整自己谈话的用词、音量、语速和主题。这一点在面试中也尤为重要。

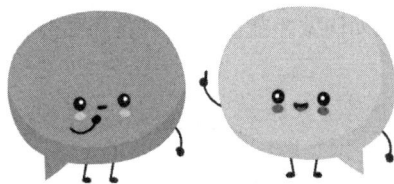

找不到话题时，可以考虑对方的兴趣点

相比学生而言，社会人士当众讲话的机会相当多。新入公司时同事之间要互相寒暄，入职欢迎会上要发言，公司晨会上要做简短汇报，参加婚礼时要讲话致辞。

但令人遗憾的是，很多人的发言其实十分无聊。我想请大家试着考虑一下：如何做才能使自己的发言变得有趣，且让别人愿意听呢？

我们以公司晨会上的发言为例。

一般来说，这类发言是有时间限制的，三分钟或五分钟左右。

可似乎有许多人都对这个晨会的简短发言感到头痛。

细问其原因，几乎所有人都会回答说："我不会讲话"，或是"我完全不知道说些什么好"。

公司晨会的发言基本都是轮流着来的，轮到自己的时候就只能硬着头皮上去讲。

所以大家并没有什么真心想要传达给听众的信息。

恐怕在听众之中，也有人是抱着"忍耐三分钟！"的心情听别人的发言。

如果每天都持续这种状况，那所谓的晨会不过是在浪费大家的时间。

那么为什么大多数人的发言都这么无聊呢？

究其原因，很多人错把发言当作是自己单方面的"讲话"了。

在讲话开始时就冷不丁说一句："大家好，接下来是我发言"。

站在这种立场上讲话，就没有考虑听众的感受。

但是，和上文提到的求职面试一样，晨会发言也是一种沟通与交流。

发言时，首先要意识到台下听众的存在；其次，要尊重听众，尽力使他们开心愉快。

一个成功的发言，应该是在其结束后，发言内容仍能成为大家热烈讨论的话题。

如果你早晨的发言成了午休时同事谈论的话题，甚至第二天同事还会来问："昨天那个故事的后续怎么样啦？"那你的发言就称得上成功。

事实上，好的发言对听众来说应该是一种收获。

因为每个人都想了解，且愿意聆听对自己有帮助的事。只有谈论这种事，你的讲话内容才会成为大家讨论的话题，才会不断传播出去。

相反，如果说话者只是一直单方面的谈论自己感兴趣的话题，会怎么样呢？除非听众是说话者的粉丝，否则听众都会认为十分枯燥。

假如是福山雅治或者村上春树上台发言，那不论他们说什么，广大听众都会愿意聆听。

因为听众对说话者本人十分感兴趣，所以才愿意聆听他们讲话。

但如果说话者是普通人，就不会有这种效果了。所以大家要把自己的想法从"我单方面说"转变为"让对方愿意听"。

只有说对方感兴趣的事，他们才会愿意听你说话。

例如，基本上每个人都会或多或少担心自己的身体健康，所以不论是谁，都会对保持健康的相关话题感兴趣；女性则会对减肥、肌肤保养、抗衰老等话题感兴趣。

所以，我想给那些认为自己不擅长发言的人一些建议：

对于那些觉得自己"我不会讲话"的人，我想说：没关系，在发言中，比起会讲话，更重要的是考虑听话者的心情。

对于那些觉得"我不知道要说什么话题比较好"的人，我想说：没必要为此烦恼，你只需考虑对方究竟想听什么就可以了。

高情商的人，总是把对方放第一位

　　世界上有两种人：一种是"我这个人笨嘴拙舌的"，这种人认为自己不善言辞；另一种人是"聊天的事就包在我身上吧！"，这种人对自己的口才极其自信。

　　大家认为这两种人，哪一种在聊天中更能将自己的想法传达给听众呢？

　　答案是：都不可以。

　　你可能会感到不解："欸？！为什么啊？"事实上，这两种说话方式都欠缺了同一种意识："话是讲给对方听的"。而上述两类人，都没有意识到这个问题。

　　"我笨嘴拙舌""我很健谈"，归根结底都是从"我"的角度出发。

一直关注"我",而没有关注听话者的感受，没有思考如何才能让对方愿意听"我"讲话。

笨嘴拙舌的人，讲话时会照本宣科，十分机械。

在之前谈到相亲大会时我也说过，这类人会提前准备好要问的问题和要说的内容，等到说话时，按照事先准备内容的顺序争分夺秒地把话说完，根本不在意听众对于自己所说的内容是什么反应，也没有关注对方在听自己讲话时，表现出来的是开心还是困扰。

一旦谈话进展地不顺利，或者对方表现出一副无聊的样子，这类人就会为自己辩解："唉，我这个人就是这样笨嘴拙舌，不会说话。"

而很健谈的人，对聊天内容不会做太多的前期准备，只会随性地、没完没了地自说自话。这其实也是没有考虑听众心理感受的表现。

这类人只要开口说话，就不会再给别人说话的机会。有时还会在别人说话时强行插话，争夺谈话主动权。

笨嘴拙舌的人和健谈的人，虽然看起来性质完全不同，但实际上，这两类人的本质相同。他们在谈话时都只考虑了自己，而没有注重听话者的感受。

不管他们是话多还是话少，语速是快还是慢，这两类人都是在自说自话，而没有将谈话变成可来回击打的球。

如果我们在谈话中考虑了对方的心情，那我们就会思考：对方喜欢谈论什么样的话题呢？我问什么问题，对方才会乐于回答呢？

但实际上，很多人从来都没有想过这些问题。大多数人在谈话中就像是一台自动发球机，自顾自地发球，而不管对方接不接得到，也不管对方是否做好了接球的准备。

但凡尊重了对方的心情，都不会出现这样的情况。所以，**在谈话中我们应该考虑的是，对方喜欢谈论什么，什么话题能让对方听得下去。**

比语言更重要的，是考虑对方的情绪感受

我常常听到这样的埋怨和牢骚：

"我男朋友完全不愿意听我说话。"
"我和现在的年轻人真是聊不来。"

每当这种时候，我都会想："啊！原来这是个不愿意主动打破分界线的人啊。"

所谓的"分界线"，我在前面就曾提及。说话者和听话者之间存在着一条"分界线"。

分界线的一侧是"I（我＝说话者）"，另一侧是"YOU（你＝听话者）"。

因为双方之间存在着这条分界线，所以"I"和"YOU"就变成了各自独立的状态，或者说是一种对立的存在。

在这种状态下，"I"所说出的话语会被分界线阻拦，无法到达"YOU"的内心深处。

所以，要想将自己所说的内容传达给对方，就必须越过或者打破这条分界线。

话说回来，每个人应该都有过站在线两侧，不同立场上的经历。

在日常生活中，我们既扮演着说话者，也扮演着听话者。

因此，每一位说话者理应都能理解听话者的感受。如果能理解听话者的感受，那很容易就能越过中间的这条分界线。

但奇怪的是：**人们一旦成为说话者，就会突然忘记当听话者时的心情和感受。**

教育行业就有一个典型的例子可以证明这一点。那就是参加教育实习时的大学生。

参加教育实习的大学生，在学校通常是扮演着"听话者"的角色去聆听自己的老师讲话。作为一名听话者，他们应该十分了解，上课时学生对什么内容感兴趣，也应该十分清楚什么话会令学生感到无聊。

尽管如此，在教育实习中，从这些大学生站上讲台，变成"说话者"的那一刻起，他们就会突然忘记听话者的感受，单方面地按自己的想法给学生们上课。

在课后他们还会感叹道："学生们根本不听我讲课。"

"自己竭尽全力地讲，可对方却完全不愿意听。"这种想法正是导致对方不愿意听我们说话的原因。

因为，人们在感叹"对方不愿意听我讲话"时，其实就是站在了分界线的一侧，把听话者一方完全视若他人，且没有考虑他们的情绪和感受。

我们应该试着越过这条分界线，和听话者站在一起，尝试和他们感同身受。

站在听话者的角度去思考他们想听什么，只有这样才能让对方愿意听你说话。

让别人愿意听你说话的诀窍，在于建立我们的关系

"让别人愿意听你说话"和"强迫别人听你说话"有什么区别呢？

"让别人愿意听你说话"是吸引听话者，让听话者自愿地想听你说话。

本书所介绍的"让别人愿意听你说话的诀窍"就是为了达到这一目的。

它既不是"强迫别人听你说话的诀窍"，也不是"说话的技巧"，而是让对方自愿地想要听你说话的技巧。

这样说起来，可能会给人一种这是诡异的催眠术或者精神控制术的感觉，但其实并非如此。

催眠术或精神控制是强迫对方去做一些他们不愿意做的事情。

这是无视对方的本意，把自己的要求强加给别人的表现。与我所介绍的"让对方自愿地想要听你说话的诀窍"，在出发点上就大相径庭。

"让别人愿意听你说话的诀窍"，最重要的就是要尊重对方。

只有这样做，对方才会对你感到安心和信赖。

也正因如此，对方才会对你所说的话产生兴趣，进而才会想要听你说话。

"让对方愿意听你说话"，不是强迫对方，更不是去改变对方。**一切"诀窍"都只在于说话者自身怎么说话、怎么接话。**

也就是说，沟通交流，并不是说话者单方面进行表达就可以达成的。说话者在表达的同时，要努力越过甚至打破和听话者之间存在的分界线。

只有如此，说话者与听话者之间的那条分界线才能消失，"I"和"YOU"才能变成"WE"（我们）。

"我是说话者""你是听话者"这样的对立关系消失后，"我们"的一体关系才会出现。

只有这样，说话者所说的内容才能不断传达给别人。

下一章，我将为大家介绍建立"我们"的关系的最初步骤。

第二章

瞬间抓住对方注意力的方法

打造完美第一印象的三要素

我想先给大家讲一件听起来稍显刻薄的事情。

故事发生在我的一位女性朋友身上。

我这位朋友的儿子上初中三年级时，她参观了许多所高中。在一个私立高中的说明会上，有这样一位中年男教师。

鼻毛从这位教师的鼻孔里肆意冒出来，那个长度看起来绝不是因为一时疏忽，忘记修剪，而是不论谁都能看到，且会心生不悦。加之这位老师的态度也有些傲慢，所以我这位朋友就在心里暗暗发誓："我绝对不会让孩子去这种高中上学！"

就这样，一所私立高中就因为几根鼻毛，不，就因为一位当众露出鼻毛的老师，而失去了一位"潜在顾客"。

在日本，每招收一名学生，包含学杂费在内，一所学校三年间就能多收入数百万日元 [1]。所以，学生对学校来说就是"潜在顾客"。而这所学校却因为一位"鼻毛教师"丢失了一位潜在顾客。

在这场说明会上，恐怕还有许多人和我朋友一样都心生不悦。

因为大多数情况下，都是母亲去参加学校说明会。

而女性天生就对"干净"和"邋遢"十分敏感。仅仅是看到眼前的人露出鼻毛，就会使她们不想再听这个人讲话。

当然，这位老师肯定也有牢骚："我鼻毛是否飞出来，和学校的好坏又没有关系！"

可能他还会想着："既然都来听我们学校的说明会了，那肯定大多是想到我们学校上学的人。我也就没有必要为了迎合他们，特意修整边幅。"

这种想法就是下意识地划了一条分界线：线的这一侧是学校，负责挑选学生；线的另一侧是学生，只能等待着被选择。

但是，"选择"与"被选择"并不是某一方单方面的行为，而是双方同时进行的举动。

求职面试也好，相亲派对也罢，其实都不是某一方单方面地去"选择"，而是双方在"选择"与"被选择"中，最终达成一致的过程。

刚才提到的"鼻毛教师"就没有意识到：为了让自己被选择，为了让别人愿意听自己说话，整洁的仪表十分重要。

正如这个例子所示，**为了能让别人愿意听你说话，第一印象，也就是外表十分重要。**

第一印象是一瞬间就能决定的，但它的影响力却是莫大的。

这是因为，**所谓的第一印象，是生物为了保护自己而做出的本能判断。所以它会贯穿人与人交往的整个过程。**

对自己来说，对方是安全的还是危险的，是敌还是友，是喜欢对方还是讨厌对方等等，都是在第一次见面时瞬间就能做出判断的。

在这个瞬间，如果你让对方产生了"我不喜欢这个人"或者

"我下意识地想躲避这个人"的想法，那基本就可以宣布你与他之间的关系结束了。

即使在这之后，对方可能会想："这个人说的事我其实有必要听"或者"我必须得跟这个人交往"，但他的身体本能上还是会听不进去你说的话。

而且，第一印象是长久存在的。虽然它是一瞬间做出的判断，但其影响可能会伴随一生。

即便过了几十年，人们还是会谈论起初见时的印象。例如，在同学聚会上，有的老同学还是会笑着说："当年第一次见你这小子的时候，对你的印象真是太差了！"

说个玩笑话，女学生说起对老师的第一印象时，话语有时是非常尖酸的。

我好几次听到她们评价道："某某（老师），超级恶心！""啊！我真的受不了，生理上都很排斥他！"不过容我解释一下，这些话语不是用来评价我的。（笑）

于是这些老师就会在这种尴尬的氛围中上完整整一学期的课。

看到这，可能会有人抱怨："就算你告诉我外表的第一印象十分重要，但外表是改变不了的啊。谁都想成为俊男靓女，可惜我不是啊……"。

但事实上，即使长相非常普通，我们也能靠外表赢得一个好印象。

我之所以这么说，是因为所谓的外表，并不单单指天生的那副容颜，它还包括后天养成的东西。而且，**这些后天培养的东西，比天生的那副容颜更具有影响力。**

我们在看电视的时候，会觉得有一些男演员不是很帅。但要是在现实生活中见到他们，就会发现他们其实超级帅。

这是因为他们身上具备了后天的要素。

那么，所谓后天的要素，指的是什么呢？

其实就是："笑容、体态、穿着"三要素。（其实除了三要素之外，就像刚才提到的"鼻毛事件"那样，仪表整洁利落也是非常重要的一个要素。但因为这是最基本的，所以本书就不再做详细介绍，也请大家多多注意这一点。）

面带笑容的人，别人更愿意亲近

首先，我们说一说外表三要素中的第一个要素——笑容。

笑容有一种能给人安心的力量。

我在学校上课时，总是会面带笑容进教室。

这种老师不多见吧？

因为大多数老师在进入教室时，或表情严肃，或沉默不语，或急急忙忙，或满脸不悦。总而言之看起来都不开心。

难道教室是学生和老师的战场不成？（笑）

我也经常会想：老师进入教室时到底该不该面带笑容呢？

有位外国留学生曾对我说："老师，我是外国人，所以在刚开始上课时没什么朋友，经常会感到很不安。但每次看到您笑眯眯地走进教室，我也就松了一口气，感觉自己还能坚持学习。"

像这样，教师的一个笑容，就能增加学生的学习动力。

事实上，学生若是身处在一个无法安心的环境中，是不能专心学习的。**因为他们首先考虑的事情是保护自己。**

请各位想象一下，如果有一位令人闻风丧胆的老师，你不知道他什么时候会生气。那么在他的课上你能安心学习吗？比起学习，更紧要的恐怕是观察老师的脸色。

因此，要想让学生集中精力学习，首先要给予他们安心感，这也是我每天面带笑容进教室上课的原因。

不仅仅是教师需要注意这一点，同样地，它也适用于人际关系的处理。

面对那些常常面带笑容的人，人们会更有安全感，所以才会愿意接近他们。

而与此相反的是，人们不想接近那些表情总是很严肃的人，也不想与这种人搞好关系，或者索性逃避与这种人交往。究其原因，是感觉这种人很危险。

体态自信的人，别人更愿意相信

接下来要说的是，外表三要素中的第二个要素——体态。

体态或许是日本人最大的弱点。

1998 年，我在立教女学院短期大学任教，并获得了去国外研修的机会，所以我在英国短期留学了一年。

当时，我驼背非常严重。看着自己的照片，我意识到了这个问题，就想着这样下去可不行。

英国人体格都比较大，而且比较壮。而日本人体格则比较小，看起来瘦弱单薄。

我又是在日本人中都属于身形比较矮小的，故而到了英国就显得更小了，并且我的体态看起来也比较差。

整体说来，我就是那种看起来一阵风就能吹走的，孱弱的驼背日本人。如此形象，不论我说什么，都没有说服力，也不会让人对我产生信赖感。

于是我下定决心，要在留学期间时刻注意自己的体态。虽然体格是不能再变大了，（笑）但至少要让自己拥有一个良好的体态!

另外，当时我还听过这种说法："日本人不论在哪里都很好分辨，因为那些体态看起来不好的都是日本人。"

因为我也注意到了自己的体态问题，所以听到这种话时觉得十分痛心。

不过，经过一年的努力，我成功拥有了良好体态，也锻炼出了肌肉。在我的身材稍稍变得魁梧了一些后，我又回到了自己执教的大学。

回到学校后，我就发现，学生们看起来和以前完全不同了。当时的立教女学院短期大学可以说是俊男靓女云集。但是我从国外回来后，发现所有人看起来都是软塌塌的，体态很差。

我所教的学生都是英语专业的。他们毕业后大多都要和外国人接触，或者去国外生活。他们如果以这种体态跟外国人打交道可不行！于是我想着，我必须得成为他们的榜样！

顺便说一下，这段经历也是我研究当众讲话，以及如何让别人愿意听自己说话的起因。

总而言之，如果体态不好，人看起来就没有自信，会给别人一种阴沉、柔弱的印象。

尤其到了国外，日本人看起来就更是如此了。

不过，只要能昂首挺胸，人看起来就会很有自信。

若想让别人愿意听你说话，我们必须拿出这种看起来十分自信的气势。

即使你心底可能缺乏自信，但你必须让自己表面看起来十分自信。这样对方才会想听你说话。

有自信的人讲话，会让人们觉得值得一听。而缺乏自信（或是看起来缺乏自信）的人说话，会让人觉得："我能相信这个人说的话吗？"这样一来，你所说的话就会被对方无视。因为不论你说什么，对方都对你持有怀疑态度。

再者，体态良好的人，即使站在人群中，也是非常瞩目的。

因为体态好的话，看起来就会有气质。而日本人的体态普遍都不好，所以，体态好的人在日本人中就显得更出类拔萃，非常有存在感。

当众讲话时，体态称得上是一个杀伤力极强的武器。

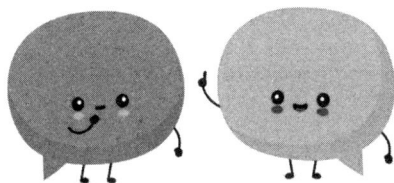

穿着得体的人，别人更愿意接近

接下来，我将为大家介绍外表三要素中第三个要素——穿着，及其影响力。

事头上，穿着，尤其是服装的颜色能有效打破"I"和"YOU"之间的分界线。因为，服装和其颜色背后蕴含着无言的信息。

服装遮盖了我们身体的绝大部分。正因如此，我们要有效地利用它，快速地打破分界线。

但如果利用不当，可能会使分界线变得更加牢固。

令人十分遗憾的是，在日本，人们总是忽视颜色所蕴含的力量。而欧美人则十分擅长有效利用颜色。走在欧美国家的街头，总会觉得兴高采烈，这或许就是颜色的力量吧！

我想问一下，大家在看过里约奥运会后，有觉得心情十分低落的吗？大多数人在看过那场奥运会后情绪都会变得高涨吧。

因为里约奥运会的会场，采用了许多鲜艳的颜色，像黄色、黄绿色等等。在这种会场环境中，选手们会感到放松，也就更能发挥出他们的真正实力了。

所以，我们在当众讲话时，也要多多注意自己服装的颜色。穿对了颜色，人们才会更愿意听你讲话。

拿我举例的话，我更喜欢穿像粉色、橙色等暖色调的衣服。因为这种颜色会给人一种温暖的感觉，也会显得人温柔、亲切、包容。我作为教师，穿这种颜色的衣服能让学生安心学习。

此外，像浅蓝色、蓝色、藏青色等冷色调的衣服则会给人一种知性、诚实的感觉。

只不过，**如果全身上下都穿这些颜色，会让人认为你很高冷。**所以，可以搭配一些暖色调的配饰作为点睛之笔。

一般我们很少会在男生身上看到粉色或是橙色元素，所以男生如果搭配这些颜色，效果会更好。会让别人（尤其是女生）觉得："这个男生比其他人看起来更温柔，他肯定是个好人。"

在现实生活中，有的人只穿黑色衣服。

当众讲话时，如果想让大家都愿意聆听，那穿一身黑可不是一个好主意。

大家觉得，穿一身黑色衣服的人，看起来会很沉稳和温柔吗？恐怕不会吧。

实际上，**黑色所表示的意思是"拒绝"**。所以，那些叛逆的摇滚音乐人通常都是穿一身黑色衣服。

穿一身黑色衣服会让"I"和"YOU"之间的分界线变得更加牢固。

一次，有两位女学生来办公室找我。她们两个长相都十分可爱，但是却一直抱怨自己找不到男朋友。

其实在我看来，原因十分清晰：她们两个人清一色穿的都是黑色衣服。

黑色表示拒绝，而她们两个又总是同时出现，这就会给周围人带来双重拒绝的感觉。

这样下去，谁都不会想接近她们俩！

加之这两个人总是在一起，每天目光所及的都是对方身上所穿的黑色衣服,长此以往,彼此的心情都不会好,自然而然笑容也越来越少。

所以,男孩子们不会主动接近她们。

服装占据了人们外表的绝大部分,且服装会自然地通过颜色(形状、设计)向外界发出信号。

因此我们必须要在沟通交流中充分发挥服装的作用,来帮助我们更轻易地越过那条分界线。

但是,倘若我们没有意识到服装所蕴含的力量呢?

那服装就会自顾自地持续向外界发出信号,**而这个信号可能和你自身的想法完全不同。**

这样下去,我们就无法和别人进行顺畅的沟通交流。

服装也是沟通成败的要素

如果今天你想让别人愿意听你说话，那你会选择穿什么衣服呢？

我们在挑选衣服时，很容易陷入以自我为中心的选择模式，只选择那些适合自己的或自己穿上感觉比较舒服的衣服。

但这种做法其实恰恰体现了：我们仅仅考虑了自己，而没有考虑听众的感受，所以也就无法跨越自己与听众之间的那条分界线。

所以，在选择服装时，请考虑你的听众的感受。**如果自己所选的衣服满足了对方的期待，那对方也会更愿意听你说话。**

那么，什么样的服装才能满足听众的期待呢？我想给大家分享一个例子。

有一次，我在东京一家拉面店吃饭的时候，突然发觉：现如今的拉面店店员都是穿着黑色 T 恤，不刮胡子，头上卷着毛巾。不知道的还以为他们要去大扫除呢？！

因为比起端着拉面碗来说，他们那副穿着看起来更适合拿着拖把和水桶。

尤其是最近新开的店，基本上都是这种风格。

按理说，餐饮店店员其实不应该是这种打扮，因为这副模样看起来不那么干净整洁。

大家自行想象一下：如果寿司店里的员工是这种打扮，会怎样呢？

穿过寿司店的门帘，看到餐台里面的厨师，头上卷着毛巾，穿着黑 T 恤，胡楂满脸。估计大家绝对不想吃他捏的寿司吧！

一般来说，在寿司店，我们更想看到厨师穿着白色工作服，没有胡须，看起来干净整洁。这种服装会传达给顾客一些信息："我的手很干净""我们店内环境很清洁""请大家放心食用我捏的寿司！"

那么，为什么大家可以接受拉面店里出现那种"大扫除风格"

的店员呢?

如果从"信息"这个角度考虑的话，就能明白其中的原因了。

拉面店店员穿 T 恤，留胡须是近些年的流行趋势。

在过去，拉面店店员都是穿白色工作服的。现在的拉面老店也依然延续着这个传统。

日剧《冷暖人间》[1]里的主人公也是这种穿着。

因为，在这种传统拉面店里，我们好像可以吃到的是鸡汤汤底的酱油荞麦面，面上再放着肥肉很少的叉烧、干笋和鱼板。

而在那些店员穿着黑 T 恤留着胡须的拉面店里，我们似乎可以吃到的是面比较粗的蘸面，或是汤底十分浓郁的猪骨汤面。

也就是说，店员穿着黑 T 恤留着胡须的拉面店，做出来的是当下时兴的拉面。这种想法在不知不觉中已经成为大家的共识。

所以，仅仅是靠店员的穿着，这些拉面店就可以传达给顾客信息："我们店做出来的拉面，就是当下最流行的那种口味哦。"

1.日本长篇家庭连续剧，主人公经营的拉面店是电视剧主要场景之一。

服装会向外界传播信息，如果这个信息符合对方的需求与期待，那对方就会接受我们，才会愿意聆听我们讲话。

所以，选择合适的服装，是让别人愿意听你说话的第一步。

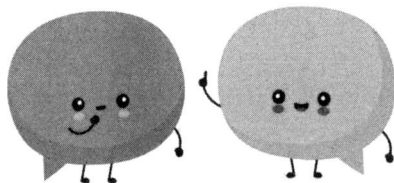

当众讲话时的着装要点

我们先一起做个小实验吧。

请大家自由选择任意颜色，画一幅国王和王后的画。

我想，大多数人应该都用了金色来画国王和王后的衣服吧！

因为在我们的印象中，国王和王后的衣服都是特别闪亮、耀眼、鲜艳的颜色。

这种颜色会凸显他们的存在感，让我们在不知不觉中就关注他们。

为了让别人愿意聆听我们讲话，"关注与被关注"这一点十分重要。

当众讲话，其实就好比 AKB48 女团[1] 在舞台中央表演。

---

1. 日本大型女子偶像组合，被日本媒体称为"国民偶像"。

既然站到了舞台中央，就要让别人在看到我们的外表时觉得："真不愧是能站上舞台的人！"

要想达到这个效果，需要"气场"与"华丽"来衬托。而从内而外散发的气场，并不是一朝一夕就能养成的。

但即使是只靠外表装扮出的强大气场，也能在沟通中发挥很大作用。

我们在选择服装时，要选择那些比较彰显气场的颜色。前文提到的国王和女王常用的"金光闪闪"的颜色就非常有气场，但这种颜色实在不太适合用在日常生活中。

那我们该怎么做呢？

最简单的方法就是穿明亮的颜色，尤其是白色衣服。

一提到白色衣服，大家首先就会想到莲舫[1]女士吧！

姑且不论好坏，莲舫女士的确总是处于话题中心。而且她现在可谓是身居高位。

还有一位名为狩野英孝的搞笑艺人，曾在电视节目上说，自

---

1. 日本政治家。出现在公共场合时，总是会穿白色套装。

己爆红的原因就是穿了白色西装。

据说他以前表演节目时总是穿黑色西装，那个时候一点都不出名。不知从何时起，他开始穿白色衣服上台表演，然后就突然之间爆红了。

白色蕴含着一种引人关注的力量。

因此，当众讲话时要尽量穿白色等亮色的衣服。

仅仅凭借衣服颜色，就能让听众知道，我是这个场合的中心人物。同时也能让对方觉得：这个人和其他人不一样，他讲话应该很有趣。

但如果男生穿亮色套装，可能会稍显奇怪。

所以，男生只须在领带或胸帕等细节处装扮华丽一些，就可以让别人眼前一亮。

有趣的事物，人人都不会拒绝

　　船梨精[1]现在十分受大家欢迎。因为关注度极高，现在市面上甚至出现了许多船梨精的周边产品。

　　话说回来，日本现在每年都举行"吉祥物排行榜大赛"，大家知道有哪些吉祥物曾在大赛中获奖吗？

　　姑且不论吉祥物的狂热粉丝，普通民众大概只能想起熊本熊吧！其实我也只能想到这一个。（笑）

　　然而，船梨精却从中脱颖而出，极具知名度。

　　我们自然要找出船梨精如此吸引大众眼球的原因。

1.日本千叶县船桥市吉祥物，其名字是船桥市和当地特色水果"梨子"的组合。

首先，不得不提的就是"色彩明亮"这一点。

船梨精整体是黄色的，而黄色是视觉冲击力很强的颜色，十分抢眼。

如果把船梨精和在吉祥物界颇具人气的熊本熊放在一起，更引人注意的肯定还是"船梨精"。

因为深色物品和亮色物品同时出现的时候，人类会倾向于看向亮色物品。

其次，"大幅度的动作"也是船梨精吸引眼球的原因之一。

如果一只苍蝇在眼前飞来飞去，大家肯定能注意到吧？像苍蝇这么小的东西，一旦动起来都会被人注意到，更何况船梨精身形庞大，又一直在蹦蹦跳跳地做大幅度动作。

那么大一个黄色物体动来动去，肯定在不知不觉中就会吸引人们的目光。

最后，船梨精的外表看起来会让人有"意外感"。

比起"奇怪"这种形容，船梨精的外表给人的感觉更多的是"奇妙"。它的造型略显复杂，所以会让人特别在意，觉得"嗯？怎么会这样？"。

因为人们十分好奇那些"奇妙的物品""不一样的东西"。

比起漂亮规整的东西，这类物品反而会激发人类的好奇心。

不过，船梨精让人意外的，不仅仅是它的外表。

一般来说，官方吉祥物都有一个不成文的规定：不能说话。而船梨精作为非官方的吉祥物，会用高亢的声音畅所欲言。它经常会情绪亢奋地说一些很奇怪的话，从而引起轰动。

人们无法预测它会说什么，也不知道它下一秒又会做出什么动作，所以不知不觉就会关注它，一直盯着它看。

很多说明会和讲座，之所以让听众感到无聊和发困，就是因为说话者欠缺了上文提到的"船梨精"引人注意的三要素。

例如，很多说话者的穿着和气质就像银行职员或公务员，上台后便开始说："今天我们谈谈关于融资的事"，紧接着便照本宣科地念自己手中的资料，直到会议结束。

他们既不穿亮眼的服装，也不做任何动作，更不会让人产生意外感，自然而然也就无法吸引听众的注意，所以听众也不会愿意听他说话。

各种典礼上的校长致辞和广播大学的教师授课也是同理。

说话者只有穿着亮眼的服装、做一些肢体动作、营造出意外感，才能吸引听众的兴趣，让听众主动越过分界线。

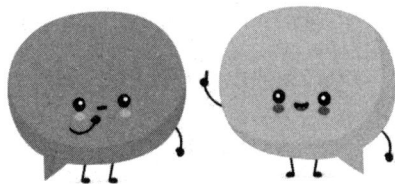

打造良好的整体印象

作为这一章的总结，我想为大家介绍一位颇有人气的政治家在外表上的"小心思"。

这位人气政治家正是日本前首相小泉纯一郎。即便现如今小泉纯一郎已经退出政坛，但只要他一出现，还是会备受瞩目。这其中有什么秘密武器呢？

我们所看到的政治家，大部分都是穿一身黑色西装。只有小泉纯一郎会穿亮灰色西装，搭配粉色等亮色的领带。

他也不会刻意把头发染黑，仍顶着满头白发，十分和蔼可亲地出现在公众面前。

即使在选举演讲这种人山人海的场合，他也能凭借这样一个明朗又显眼的形象，让大家一眼就注意到他。

他的这些特质都让民众不自觉地想靠近他。他在外表上所花的这些小心思，也成功地让大家认为："小泉先生的讲话，我还是愿意听的。"

其实还有一位叫小泽一郎的政治家，虽然名字和前首相小泉纯一郎类似，但风格却大相径庭。小泽一郎皮肤黝黑，留着一头黑发，也不爱笑，而且总是穿深色西装。我们暂且不论想不想听他讲话，仅仅这身打扮，都让人很难注意到他。

不仅是小泽先生，政治家给人的印象总是板着脸。

而小泉先生则彻底打破了大家对政治家的这一刻板印象，所以他才能获得民众的支持，掌握政权多年。即使是现如今已经退出政坛，他仍给人留下了深刻的印象。

说句题外话，政治家的性子大多都比较直爽。

不过每当他们出现在电视新闻中时，总是一脸严肃。如果这些政治家出演古装历史剧，会十分适合那些恶霸地方官的角色。电视机前面有选举权的观众们看到这一幕只会想与他们保持距离。

因此，政治家们在上电视的时候，应该在自己的外表上多花一些心思。

在美国总统大选的电视辩论中，民众们也会观察候选者的各种细节，包括服装和细小的动作举止。其实每个人在生活中都会下意识地观察别人的外貌、举止和行为。

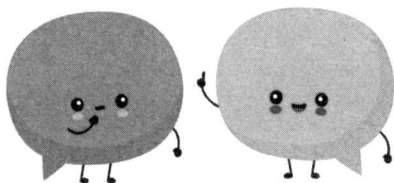

身体语言也能传递重要信息

除了上述外表上的小心思之外，小泉前首相还会有效利用各种手势（身体语言）。

他最常用的姿势就是大幅度地张开双手。

看起来就像是抱着一棵直径两米的大树，然后再缓缓打开并伸直两腕，大幅度地张开手臂。

这个姿势会传递给听众一个信息：**我完全接受你**。

每当他做这个姿势时，都可以让民众看到自己的手掌心，这意味着向民众表明自己的内心，也展示了自己毫无隐瞒，没有秘密的形象。

虽然我们并不了解这些政治家们的真实想法，但是仅凭这个动作，的确能向民众展现出自己既诚实又可靠的形象。

在网上可以找到很多小泉前首相的照片。在大部分照片中，他都是张开双臂的，也有很多照片能看到他露出了自己的掌心。

与此形成鲜明对比的，则是小泽一郎先生。

小泽先生的照片千篇一律，每一张都像证件照一样，只露出一张脸。就算拍到了他的手，最多也就是双臂交叉，抱在胸前。**而这个动作所表示的意思是"拒绝"。**

他们照片的这种差异，也造成了一个很有趣的现象。

那就是出现在媒体上的两人照片的尺寸存在着很大差异。

因为小泉先生会做手势，所以媒体所使用的照片基本上都拍到了他的手。加之他经常张开双臂，所以照片的尺寸也相对会大一些。

而小泽先生的照片基本上都只有脸，而且这张脸大家又都认识，所以也就没必要使用他的大尺寸照片了。

长此以往，读者们注意到他们二人的概率就会慢慢改变。

谁的照片更引人注意呢？

答案不言而喻。

这些细节该不会是小泉先生特意设计的吧……若是如此，那他可真是个厉害角色！

顺带说一下，在实际的演讲过程中，小泉先生还会上下大幅度地晃动张开着的双臂。

穿着亮眼的人做大幅度的动作。这和前文提到的船梨精三要素是吻合的，所以人们才会情不自禁地把目光放到小泉先生身上。

所谓的"领袖气质"，需要一个人具备从内而外散发的魅力，同时也会受其谈吐的影响。但是形体动作、服装、色彩搭配、表情等一些外表因素也会影响一个人看起来是否具有"领袖气质"。

小泉纯一郎和其他政治家不同，他的外在看起来十分抢眼、引人注意。所以人们才会觉得他与众不同。

我曾经在一位名师的讲座上注意到一件事。这位老师给人的感觉和小泉先生完全不同。他在上课时经常跷着二郎腿，双手抱臂，说话时也是一副了不起的神情。

听他的讲座，根本感受不到尊重。

如果是在自己喜欢的女性面前，或是在自己尊敬的老师面前，试想他还能摆出这样的态度吗？答案肯定是否定的。

但凡这位老师怀有对听众的尊重，那他就不应该用这种方式和听众对话。

恐怕不认识这位老师的人，也根本不会愿意听他说话。

综上所述，"外表"是很重要的。

在下一章，我将为大家介绍"场合"的力量。

如果能成功借助场合这股力量，那我们就离"让别人愿意听我们说话"更近了一大步。

第三章

"hold 住全场"的秘密

把客场变为主场，做积极沟通的一方

大多数情况下，我们要在自己不熟悉的场地里当众讲话，对我们而言，这些地方就是"客场"。"客场"氛围会让我们在讲话中处于不利的形势。

因此我们十分有必要将"客场"转化成自己的"主场"。

大家可以想象一下：对于足球选手来说，一场足球比赛如果是在自己的国家进行，这就是主场赛。如果是在其他国家举办，那就是客场赛。

主场赛时，观众席上大部分都是自己国家的球迷，欢呼加油声会很大。这样一来，选手们就能安安心心地发挥出自己的最佳实力。

但反观客场赛，由于对手球队的球迷数量较多，每当自己一方进球时，会场嘘声四起，而每当自己失败时，会场则一片欢腾。球员如果对这种情况尚未习惯，心理上就会受到影响，从而无法充分发挥出自己的真正实力。

因此，主场赛占据着绝对优势。

让别人听自己说话，其实和足球赛是相同的。

在客场中，满场都是你的对手，可能没有人会愿意听你说话。

即使听你说话了，对方也会对你的话断章取义，挑剔错误，牢骚一片。

所以每到一个会场，说话者首先最应该做的事情就是"营造主场氛围"。

舛添要一先生，因为被指私自挪用政治资金，辞去了东京都知事一职。在那之后，对他而言，他周遭的环境就逐渐变成了所谓的"客场"。

毕竟他也曾被选举为东京都知事，想必有非常多支持和拥护他的人，曾经的他也把东京变成过自己的主场。

但因为一条丑闻的流出，各种负面消息也接二连三地被曝出，最终他只能被迫辞职，未能将东京真正变成自己的主场。

前面也一直提到，说话者和听话者之间存在着一条分界线。

这条分界线将"I"和"YOU"区分开来。

在英语中，"I"和"YOU"是完全对立的关系。

而我们在当众讲话时，首要达到的目标就是打破"I"和"YOU"的对立状态，将其变成"WE"。

对我们来说，第一次去到的地方就是"客场"。

客场上，说话者与听众之间的分界线十分清晰。在听众看来，说话者就是一个外人。夸张一点来说，此时的听众对说话者抱有"敌对意识"，他们内心也会感到不安。听众多半会想："这个人到底要说什么呢""他说的话真的有用吗？""肯定十分无聊"。

总之，此时听众的内心都是在评价说话者。

如果我们在听众的这种心理状态下开始讲话，那恐怕会以失败告终。

因为此时的听众并不是在真心地听你讲话。

可能有的读者会想："即使一开始不想听我讲话，但如果我讲得十分精彩，那对方不就会慢慢愿意听我说话了吗？"

这种想法未免太过乐观。正如前文所说的那样，第一印象的影响是长久存在的。所以，**我们要在最开始就打破分界线，将会场变成我们的主场。**

因此，请大家务必在开始阶段就营造自己与听众的和谐关系。

主场意味着将"I"和"YOU"一体化，变成"我们"。

而在客场中，"I"和"YOU"则还是对立状态。

如果我们能和听众成功建立"我们"的关系，那讲话内容的优劣与否就显得不再那么重要了。

因为在"我们"关系中，听话者会将说话者视作"代表自己的人"或"领导者"。他们会从心底想要去支持和保护这位代表自己的领导人。

即使说话者不小心说错了话，甚至于讲话失败了，听众仍会认为他整体表现不错。

反之，如果是在客场状态下，那不论说话者所讲内容多么精彩，听众都不会真心接纳。

若是说话者不小心说错了什么，那听众则会抓着话柄，围绕错误进行猛烈攻击。

恰巧有一个很有趣的例子可以佐证这一点。

上文提到，舛添先生辞去了东京都知事一职。他的妻子对于这一事的反应，则加剧了周遭舆论环境的恶化。

当时，有大批记者围堵在舛添家外面，舛添夫人却对着他们怒喊："我老公没错！你们这是在骚扰！"

舛添夫人的这种做法，可以说是将自己和媒体以及社会之间的那条分界线，变得更加坚固了。

所以外界舆论对舛添先生的批判也愈演愈烈。

与此相对，北野武曾在电视上公开讲过一件事。

在北野武做出轰动一时的"Friday 事件 [1]"后，记者曾采访北野武的母亲："您怎么看待您儿子这次做的事？"

北野武的母亲回答道："我儿子这人没救了，竟然做出这种事！请判处他死刑！"

大家听到她都说到这个份儿上了，也只能笑笑说："事情没严重到这个地步。"

---

1. 1986 年，北野武因对 *Friday* 周刊的八卦报道感到不满，便率领一行人前往杂志社殴打编辑部人员，最终被判拘禁 6 个月，缓期 2 年执行。

"采访者"与"被采访者"，其实就是"I"和"YOU"的状态。

而北野武的母亲则通过巧妙的回答，将自己和记者的关系变成了"我们"状态。整个采访的氛围缓和了下来，分界线也因此消失了。

所以，北野武本人也曾在电视上公开说过："我母亲那时候的回应真的太厉害了。"

只要"I"和"YOU"没有一体化，说话者和听话者之间的对立关系就永远存在。

双方的紧张感也不会消失。

所以，当众讲话时，**我们首先应该创造一个"我们"的世界。**

营造"主场氛围"的必要准备

如何才能在最初的阶段就营造出主场氛围呢？

我们需要提前做些准备工作，不过这并不是难事。

首先，在演讲正式开始之前，我们可以先去大厅和会场转一转。

这些个人的准备工作要特意在演讲正式开始前不久去做，而那些真正的会场准备其实需要更早之前就做好。

在演讲正式开始前去大厅和会场转一转，面带笑容和别人打招呼、聊天，也可以交换名片、握手。

大家想想，这样做会带来什么效果呢？

当演讲会正式开始时，伴随着主持人的介绍，我站上舞台。

我自我介绍道："大家好，我是今天的演讲者，小川老师。"

此时，一定会有观众为我热烈鼓掌，他们就是刚才和我打招呼的那些人。

因为我们在刚刚已经认识彼此了。

我站在舞台上，也会与那些为我鼓掌的人进行眼神交流，并微笑着颔首示意。

这样，他们就会成为我暂时的粉丝。

在整个演讲过程中，当我讲到令人开怀的事情时，这些粉丝就会笑；在我讲到需要别人点头认同的事情时，这些粉丝就会点头表示认同。

整个会场里，到处都有听众对我的发言随时做出反应，他们也能带动周边的听众认真听我讲话。

回过神再细想的时候，在这个过程中，我已经不知不觉创造出了自己的"主场"。

有的演讲者会在主持人介绍自己之前，一直待在休息室里。等演讲会开始后，再随着主持人的正式介绍，戏剧性地登场。如果你是吉川晃司[1]，倒是能驾驭这种出场方式。

但我还是不建议一般人这样做。这种出场方式只会让我们在真正开始演讲时，仍然身居客场。

我曾经有过这样一个经历。

在我演讲的时候，观众席的最前排坐着一位中年男性。他双手抱臂，表情傲慢，眼神仿佛是在瞪着我一般。

我似乎能听到他内心的声音："我倒要看看眼前这个毛头小子会说出什么话来。"

在中场休息时，我和他在洗手间遇到了。

于是我主动跟他打了个招呼说："您好，感谢您今天来听我的演讲。"

这种情况下，他当然不可能视若无睹地离开（笑），所以也跟我打了招呼。

在下半场演讲开始后，我就发现，这位男性看我的眼神和态度与前半场演讲时完全不同了。他的表情变得很温和，双手也不

---

1. 日本著名歌手和演员。

再抱臂了。

如此看来，在洗手间的那段短暂交谈，使我们两个的关系由"I"和"YOU"变成了"我们"。

北野武也会在登台表演时，故意在台阶上摔倒；给大家鞠躬时故意用自己的头撞一下麦克风，以此来缓解气氛。

正如此，如果能在刚开始时就让听众们开怀大笑，那"I"和"YOU"之间的分界线就会瞬间被打破。

看来，像北野武这样的内行人，都知道营造主场氛围的重要性！

只不过如果普通人模仿北野武这一行为，很有可能会适得其反，反将会场变成自己的客场，所以还请各位谨慎模仿。（笑）

比起北野武的这个方式，还有一个所有人都能立刻学会，也不会失败的好方法。

那就是"登场时面带笑容"。

登场时的表情是严肃还是笑容满面，给观众留下的印象也会有天壤之别。

再者，就是在第二章时所说的：说话者要注意自己的穿着、体态和动作举止。

多数情况下，大家在考虑怎样才能让别人愿意听自己说话的时候，更多的都只关注到"自己要怎样说才能说得精彩"。

虽然对于自己的演讲内容做足了准备，却没有考虑过如何营造一个良好的会场氛围。这就造成了很多人在演讲即将开始时，依然在后台拼命地背稿。

这种做法万不可取。

因为比起准备演讲稿，更重要的是要营造主场氛围，继而打破"I"和"YOU"之间的分界线，与听众建立起"我们"的关系。

如果能做到这一点，即便你的讲话有些无聊，台下仍然会有听众支持你。

在正式说话前，先建立我们的关系

在说完这一系列的前期准备工作后，终于要和大家分享站上演讲台之后要做的事情了。

归根结底，在台上讲究的是一门"吸引听众"的艺术。

其真正目的还是打破"I"和"YOU"之间的分界线，建立起"我们"的关系。

如果大家要在一个很大的会场讲话，那请在舞台上大幅度地挥舞自己的双手，同时大声询问："后面的人可以看到吗？可以听到我的声音吗？"

通过和会场最后方的人对话，可以极大地动摇我们和听众之间存在的那条分界线。

我经常会说的是："听不到我声音的人，请举一下手。"

如果有人举手，我就会开个小玩笑："您这不是能听到吗？"（笑）

总之，上台后先花几分钟，说些与演讲主题无关的事，让听众们举举手，做一些身体动作。

我有时会问："迄今为止，有在英国生活过的人请举手。""英语老师请举手。"

其实，随便问什么问题都可以。重要的是，我们在问完问题后，要像做示范一样，先举起自己的手。只有我们自己先做出这样的动作，才能带动听众举手。

语言上的交谈，加之身体上的动作，会大大弱化我们和听众之间的分界线，也能帮助我们建立起"我们"的关系。

另外，还有一个小诀窍，就是讲一些带当地特色的"梗"。

每去到一个城市演讲，就可以讲跟当地有关的话题。比如，如果你是去札幌演讲，可以在演讲开始前跟听众互动说："我午饭吃了汤咖喱"。这么说会让当地人十分开心。因为不论是谁，都会对自己所处的地方抱有特殊的情感。

你也可以乘胜追问："我是在某某店吃的汤咖喱，大家还有其他可以推荐的店吗？"这时听众就会很热情地告诉你哪家店的汤咖喱更好吃。

这也是此法的关键之处。通过这个做法，我们就把自己从说话者的立场转向了向听众虚心请教的立场。这样我们和听众之间就能产生一体感，会场才能变成"我们"的状态。

小泉进次郎[1]是当下十分受欢迎，群众评价很高的年轻政治家，据说他每次去地方城市游说时，都会用当地的方言与群众打招呼。

此外，三谷幸喜作为当红编剧和电影导演，多次在国外进行演讲。据说他每次在国外演讲时，都会背诵一段用当地语言写成的演讲稿。

然后在这段简短演讲的最后，他还会用当地语言说一句："其实我完全不知道自己刚才说了什么。"全场观众在听完后，都会不自觉地发出爆笑声。

---

1. 日本环境大臣，日本前首相小泉纯一郎次子。

先与活泼的人打成一片，就能带动所有人

"说话者和听话者的位置关系"也会极大地影响会场氛围。

在不同的会场，演讲台的位置也不一样，有可能位于舞台中央，也可能位于舞台左侧或是舞台右侧（以面向观众席为准）。也就是说场地不同，演讲台位置也会不同。

事实上，演讲者所站的位置与其演讲的影响力息息相关。

而最理想的位置是，在演讲刚开始时，演讲者站在舞台正中央偏右一点。

这个站位会使演讲更引人入胜。

请大家回想一下学校教室的布局。

一般说来，如果站在讲台上面向学生时，我们的右手方是窗户，左手方是走廊。

在初高中时，学生的座位都是固定的。但是在大学里，座位基本都是学生自由选择。于是就会出现一个有趣的现象。

那些开朗活泼，话比较多的学生会成群结伴地坐在靠窗一侧，而走廊一侧则多坐着性格较为安静的学生。

性格活泼，喜欢团体行动的学生，与老师走得会比较近。说得不好听一点，这类学生基本上都是自来熟，爱吵吵闹闹的。说得好听一点，这类学生很容易让人产生亲近感。

很多教师常常会把这类学生视为"眼中钉"，认为他们在课上实在太吵。但如果和这类学生建立对立关系，其实对教师而言并没有什么好处。

相反地，因为这类学生很容易和人打成一片，所以教师也就能更容易地与他们建立起"我们"的关系。

然后这类学生就会支持教师的工作，课堂气氛也会因此变得更加开朗活泼。

也就是说，我们要先从好下手的地方攻克。

与此相对，那些喜欢坐在走廊一侧的学生，性格多安静且认真，喜欢独来独往。这类学生的警戒心普遍很强，与人交往也会保持着一定的社交距离。

如果教师先接触这类学生，横亘在教师和学生之间的那堵墙会越来越高。

作为教师，要先接近喜欢坐在窗户一侧、性格活泼的学生。这样才能营造一个良好的班级氛围，进而带动全班的气氛活跃起来。

因为这类学生比较容易接近，所以教师在上课时最好站在讲台中央偏右侧的地方（右侧大多是为窗户侧）。

我所提出的这个站位方法是从个人激励大师——石井裕之先生那里得到的灵感。石井先生著有许多关于人类潜意识的书籍。

他认为：世界上有"WE 型"和"ME 型"两种人。

"我们型"人倾向于站在他人的右侧。

右侧是可以控制别人的位置。想要领导别人的人，多站在对方的右侧；而想要被带领的人，则多站在左侧。这一点同样适用于教室的座位排列。

因此，不论是在教室，还是在演讲会场，抑或是在会议室里。坐在讲师右侧的听众，潜意识中可能想要掌控台上的讲师。

"我们型"的学生，可以很轻松地跟老师搭话："老师你今天穿得好帅啊！""老师，你今天的发型真怪！"每当他们这样和老师主动打招呼时，其实下意识中都是想掌握谈话的主动权。

教师也应该好好利用这个机会，笑着回应他们。这样做能极大地满足这些学生。

这样一来，教师就能和这些学生们建立"我们"的关系。

长此以往，在之后的相处中，教师便可以重新掌握主动权。

"自我型"人多半喜欢独来独往，如果和演讲者的距离过近，反而会使这类听众感到不舒服。

所以，我不建议演讲者在开始演讲时站在讲台左侧。

如果不恰巧演讲台就在左侧，那我们可以不依赖演讲台，直接站在中央开始演讲即可。演讲开始后再不露声色地与右侧的观众拉近距离。

曾经在一位上市公司的董事长身上，就发生过这样的事。

这位董事在一所大学演讲时，演讲台刚好被放置在左侧，而他全程就站在演讲台后讲话，可想而知整场下来观众的反应都很差。

我告诉了他这其中的原因，他才恍然大悟。

因为在那场演讲中，他中途偶然走动到了右侧，观众们的反应突然就热情了起来。

明白其中缘由后，他和我说："在我之后的演讲中，我都尽量在开始时站在右侧。"

一般说来，不站在演讲台或教室讲台后面说话，会更容易与听众建立"我们"的关系。因为那张桌子会成为演讲者和听众之间的墙。

虽然站在演讲台后演讲会更轻松一些，但这样就无法与听众建立起"我们"的关系。

避免与对方的眼神"针锋相对"

不仅在类似演讲那种"一对多"的环境里，在"一对一"谈话中，如果我们想让别人愿意听自己说话，同样也不能忽略位置的作用。

所谓"一对一"关系，其实正是我们前面提到的"I"和"YOU"。在这种状态下，若是谈话双方正面相对，必定是暗潮汹涌。双方都会有眼神激烈交锋的感觉。

因此，一般在心理咨询室中，心理咨询师都不会与来访者相对而坐，而是会坐在与来访者呈 90 度角的位置。

这个原则同样适用于站着说话的情况。

如果一个人产生了类似"猛然回过神来才发现我们已经聊了这么久了！"的想法，那他和对方在交谈时，绝不是正面相对，而应该是并排站立，或是两人站位呈 90 度角。

在日本过去的年代里，人们常围在水井边热火朝天地闲聊，多半也是得益于这种位置关系。

大家围绕在一口水井周边，像画了个圆似的挨着坐在一起。然后一起弯着腰洗衣服，谁也不会从正面看着别人。这样一来，人与人之间的分界线也就自然而然地变得模糊了，进而创造出了"WE 环境"。

与别人约会时，也应该遵循这个位置关系的原则。

两人约会时，要坐圆形桌或是正方形桌子。这样双方才能呈 90 度相邻而坐，既能避免双方的对立，也能拉近彼此的距离。

所以，约会时应当尽量避开那些只能面对面坐着的桌子。

如果你想与对方更亲密一些，还可以选择需要并排坐的吧台桌子，两个人在落座时，距离不要相隔太远，最起码要能互相碰到对方。当然，更不能在两人之间放上包包等其他东西，这样会让你们的距离更远！（笑）

如果你能做到这一步，那不论说什么，对方都会很愿意听。

从另一个角度考虑的话，如果你想与对方保持距离，维持对立关系，就可以选择与对方正面相对而坐。

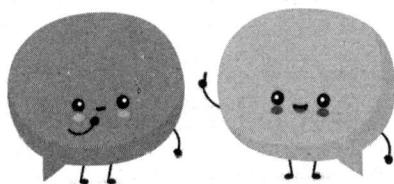

注意眼神的交流

跟别人说话的时候，我们的视线究竟该落在何处呢？

其实不用多说大家都知道，说话时我们应该看向对方。但其实很多人都做不到这一点，在说话时会望向墙壁，或者干脆让自己的眼神放空。

讲话时要看向对方，并不是一直盯着一个人看，而是应该整体地看向所有人。

因为我是在女子大学教书，所以如果有学生说："小川老师上课时一直盯着某某某看"，那估计不会再有人听我讲课了。

我想先给大家介绍一个很常见的错误范例。

如果一个男生和好几位女生一起吃饭，那这位男生讲话时，很容易会盯着其中最漂亮的女生或者自己最喜欢的女生看，而对其他人视若无睹。

这种做法是完全不行的！

无论是被忽视的那些女生，还是一直被盯着看的女生都会对此有所察觉。而一直被盯着看的女生又会十分在意其他被忽视的女生此时的感受。

而唯有男生察觉不到这些……

很多男生都会犯下这样的错误。

如果只对一小部分人表示自己的好感，那会让大部分人感到不公平。这样下去，别说无法建立"WE"关系了，甚至还可能会引发矛盾。

所以，希望大家在面向别人说话时，能够照顾到每一位听众的感受。

具体要怎样做才能尽可能不遗漏地看向全员呢？

秘诀就是：**一句话，一个人。**

说一句话就看向一个人，说下一句话时就看向下一个人。

这样就能照顾到大多数听众。

当然，我们移动目光的顺序并不是要完全按照听众们的座位顺序。视线可以呈锯齿形移动，从右后方看向左前方，再看向中间……

这样就可以让听众们知道，你在尽量照顾每一个人的感受，进而才能促进"WE"关系更快建立。

如果是在大会场，听众很多，可能就没有办法与每个人都进行视线接触了。这时，我们的视线可以继续呈锯齿形移动，优先看向那些反应比较好的听众。因为只有看到听众们反应热烈，演讲者才能安心地将演讲顺利进行下去。

在大会场演讲，自然而然会伴随更强烈的紧张感。越是这种时候，我们的视线落在何处就会显得越为重要。

如果看到台下有听众抱着双臂，表情傲慢，那演讲者的心情就会受到影响。此时最好的方法是先无视他们。因为每看到一位这样的听众，演讲者的心情便会低落一分。

有的教师在上课时，会只看向坐在前排认真听讲的学生。但这种做法和上文提到的，一直盯着心仪对象看的男生是一样的。

教师这样做，会让后排的学生觉得自己不受重视，从而他们会认为：不论自己在后面怎么吵，也不管自己在后面做什么，老师都无所谓。

所以我们在演讲时，也要照顾后排听众的感受，向后排听众投去目光。这样才能和后排听众也建立起"WE"关系。

前文提到的所谓"一句话，一个人"的方法，应该有人曾经就听说过。

但是我们在说一整句话的时候，真的要一直盯着一个人看吗？

事实上，如果我们真的这样做，可能会引人不快。众所周知，日本人的天性使然，不论是被盯着看，还是一直盯着别人看，都会让人觉得十分尴尬。若碰巧我们要说的那句话又特别长时，该怎么做呢？

事实上，一句话的句尾才是关键。在说到句末的时候看向听众，稍稍颔首即可。

或者说是找准听众会点头的时机，在这个时机看向他们，双方就能自然地交换视线，不会尴尬。

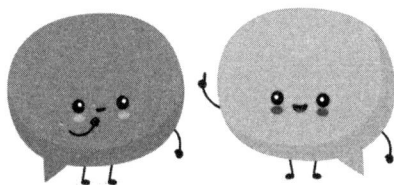

第四章

立竿见影的沟通技巧

如何操控印象——在开场时"植入"信息

在本章中，我将为大家介绍，当众讲话时立刻就能派上用场的小技巧。

接下来要介绍的第一个小技巧，能让听众在听完你的讲座后发出赞叹："今天的演讲真不错！"

你或许会怀疑："真的假的啊？"实际上这个方法操作起来非常简单！

我们只需在开场时说这样的话：

"今天要给大家带来非常精彩的内容。"

"今天的演讲内容，会让大家获益匪浅。"

......

你所说的这些话会留在听众的潜意识里。

待演讲结束后，听众们就会认为："我今天听了一场非常精彩的演讲""今天的内容对我十分有帮助。"

这是因为我们最初所说的话语会残存在听众的脑海中，继而影响他们对演讲的最终感想。

值得注意的是，这些话要趁听众还没有集中精神听你演讲时，在不经意间说给他们听。

一旦听众开始全神贯注听你讲话，那这些闲话反而会被他们忽略。

所以，我们要在演讲还没有进入正题，听众也没有完全做好准备时，将这些话悄然抛入听众的脑海中。

另外，若是想让这个技巧奏效，演讲者必须十分放松。只有这样，听众才能放松下来，真正接收到这些信息。

如果你在拿到麦克风，向观众们鞠完躬后，再一本正经地说：

"今天给大家带来的内容十分有趣！"这时这些话就已经不起作用了。

它不仅无法进入听众的潜意识，反而还可能会引起听众的反感。

所以说这个方法虽十分简单，但蕴含着庞大力量。

事实上，这个所谓的"开场白小技巧"，是我从潜意识专家石井裕之那里学来的，我也多次在我自己的演讲中运用过这个方法。

在一次面向男性的演讲会上，我以男女沟通为主题进行了演讲。

演讲开始前，我告诉他们："听了今天的内容，大家可能会想去酒吧实践一下哦！"，结束后，果真有几位男性说："好想现在去酒吧试试啊！"（笑）

总而言之，这个技巧还是十分灵验的。

如何解除防备——在不经意间夸赞

世上有一类疑心很重的人，他们不会完全相信别人所说的话。每当我们想称赞他们时，该怎么做才能让他们相信我们是在真心夸奖呢？

我们要瞄准他们心理不设防备、十分放松的时刻夸奖他们。因为这种时候，他们的心房是打开的，也就更能接受外界的声音。

打个比方来说，如果你手下有一位生性敏感的员工，若你当面对他说："你最近工作汇报进步了很多"。他表面上会回答你"您过奖了"，但内心肯定暗暗猜测："上司今天说的话，肯定别有居心！"

同样一句话，如果你放在会议结束，员工刚好经过你面前时说，那他肯定就会当真。

这个技巧的重点就在于，我们要在对方毫无准备时夸赞他们。

我曾经培训过一些教师，主要教他们"让别人愿意听自己说话的技巧"。

小初高的老师几乎都抱有同样的烦恼："学生们都不听我讲话。""别说是教育他们的话了，就连表扬和鼓励的话他们也听不进去。"

本篇介绍的自言自语大作战技巧，就可以有效解决这些烦恼。

如果教师特意把学生从教室叫到升学指导室里谈话，那无论教师说什么，学生们都不听进去。但若是你确实想告诉学生们一些话时，你就要瞄准你们两个在走廊里擦肩而过的瞬间。

在擦肩的那个瞬间，你可以忽然像自言自语一般地说："你最近确实有好好努力，老师都知道。"

由于对方此时对你毫无戒备，所以这句话他就能听得进去。

对于那些平时比较骄横，连表扬都听不进去的学生而言，这个方法可以说是屡试不爽。

此方法同样适用于约会场景，不过仅限女生使用哦。

对方请客后，如果你想表达谢意，并彻底俘获他，你就可以不经意地望向远方，然后喃喃自语道："这种事情还是第一次呢……"（做出一副出神陶醉的样子）

关键点在于：

1. 不看对方；
2. 说话要像自言自语。

对方在听到这句话后，估计内心已经缴械投降了。

因为他会认为："这是她不小心自言自语说出来的，所以肯定是她的真心话！既不是客套，也不是恭维，而是她的心声！"

开个小玩笑，"这种事情还是第一次呢……"这句话似乎对男性的杀伤力极大。经常会被用到广告中，我也听搞笑艺人说过类似的话。

参加宴会时也可以用到这个技巧，如果你想向主办方表达自己在宴会上玩的十分开心，就可以在起身去洗手间时，不经意地说："今天的晚会真不错！"

当然，音量要大到能让对方听到，否则的话就成了真正的自言自语了！（笑）

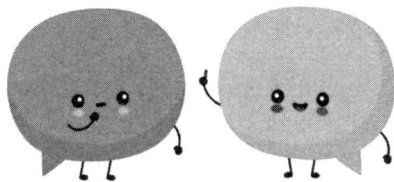

如何加深印象——开个玩笑

我从一位女性朋友那里听来了这样一个小故事。

这位朋友在高考选专业时，填报了世界史专业，并且也成功考上了世界史专业最难考的大学。想必她高中时一定好好地学过世界史，但据说现在已经忘得一干二净了。

她对我说："唯有一件事，我记得十分清楚。"

那是高中世界史老师所讲的一个关于中国谚语的故事，因为在讲这个故事之前，老师说了句："给大家讲个玩笑话……"

她说："我听完之后立刻记在了书上。那个故事非常有意思，所以现在我还能清楚地回想起来。"

日常生活中经常会发生这种事，重要的事情一件没记住，玩笑话却记得十分清楚。

那大家还能记得上一节我说过的那句玩笑话吗？

是关于"这种事情还是第一次呢……"的小故事。大家可能会想：这都能和前面的内容联系上？这种事情我还是第一次见呢！（笑）

总之，人们在听到"说句玩笑话"后，都会不知不觉竖起耳朵听。

就算不听重要内容，也必须得听玩笑话。

因为玩笑话很短，听起来会让人十分放松。这一点和谈论正题并不一样。

但玩笑话也要选准时机说。

在正确的时机说玩笑话，才能让对方愿意听你讲话。

所谓的正确时机，就是听众的注意力开始分散的时候。

在这种状况下说玩笑话，能让之前完全没听你讲话，或是昏昏欲睡的听众回过神来，竖起耳朵听你说话。

这就是玩笑的魅力。

玩笑话就像一瓶红牛，能恢复对方的注意力。红牛是当下日

本很流行的功能性饮料，如果对方是老年人，那玩笑话就宛如力保健[1]营养饮料。（笑）

在说完玩笑话，吸引到听众注意后，演讲就可以重回正题了。

这时还有一个需要注意的关键点。

那就是在回到正题之前，向大家简述一下之前演讲内容的概要。

如果能做到这一点，就算有人之前没有听你讲话，但在听完你的概括后，也仍然会对你的演讲内容产生一种参与感，继而愿意继续听你的演讲。

1.力保健是一种在日本很知名的功能性饮料，与红牛类似，但性质比较温和。

如何避免分心——不要被打断

听众远比说话者想象的还要"薄情"和"见异思迁"。

不过话说回来，人本来就不会听别人说话，对此我们也无可奈何。

接下来要说的这个情况，是大家在餐厅吃饭时经常会碰到的。

有一次，我和朋友们一起去了一家意大利风味餐厅，我刚好有一个十分幽默的笑话想讲给朋友们听。大家也都是兴致勃勃，探着身子准备听我说。

气氛渐入佳境，即将要进入整个笑话的高潮部分了！

可就在这时，服务员端着菜过来了。

"玛格丽特比萨，请大家趁热品尝。"

自不用说，我的笑话"夭折"了。

话题正在兴头上，结果却被打断，对我而言算是晴天霹雳。

伤心欲绝的我，想要重新振作，试图回到刚刚的话题。

但我发现完全行不通。大家都在专心吃菜，手里拿着比萨，有一句没一句的闲聊着。根本没有人问我："你刚才说的那个笑话，后续怎么样啊？"

我那精彩的笑话，就这样再也不能重见天日了。

这种事情其实经常发生。

说话者还没讲到精彩部分，话题就被迫终止，心情也会因此变得沮丧。

而听众们却能云淡风轻地忘记说话者刚才讲的内容。

听众的本质就是如此：既"薄情"，又容易"见异思迁"。

但这不足为奇，甚至可以说是理所当然。说话者要充分理解并接受这一点。

如何避免无趣——精彩的内容先说

吃寿司时，有人会先吃海胆寿司，有人会喜欢先吃金枪鱼腩寿司，也有人会说："我喜欢先吃章鱼寿司！"

我想表达的是：吃东西时，要先吃自己最喜欢吃的，最好吃的那部分。

类比到讲话上，就是人在讲话时，要先讲最有趣的部分。

听到这里，可能有读者会想："啊？这样不是一种浪费吗？最精彩的部分要放到最后来说。"

但所谓的最后，究竟是什么时候呢？

一场讲话，真的能顺利进行到最后吗？正如上文提到的比萨事件，有时候我们可能会错失讲高潮部分的最佳时机。

再者说，不论是讲座，还是普通的会议，都会有听众中途离场。

如果在听众离场时，你还仍未讲到精彩或重要的部分，那他们会怎么想呢？

这些离场的观众只会想："今天的演讲真是没什么意思呢。"

若你能在开头部分就讲一些有趣或者对听众有益的事情，哪怕只讲一点，听众也会认为今天的演讲没有白听。

尤其是尚未习惯当众讲话的新手，更应该注意这一点。

正如前一节所说，听众的本质就是薄情且容易变心的。即使你说的内容很有趣，他们也可能因为一点小事而分心。更不用说，如果他们在开头就觉得你的演讲很无聊，那就更不可能再接着听下去了。

中途离场的那些观众中，恐怕就有人是抱着这种想法的。

如果第一口吃下去的寿司就不太美味，第二口、第三口也是一样，那任何人都会想匆忙吃完回家吧！

相反地，如果听众在刚开始就觉得你的演讲很有趣，那他们肯定也会想认真听后面的内容。因为听众会怀有期待："说不定后面还会出现更精彩的内容呢！"

就好比在寿司店，如果端上来的第一盘寿司非常好吃，那顾客会认为这家店水准很高，也会开始期待之后其他口味的寿司。

所以，当众讲话时，我们不能抱着"平静地开始再戏剧性地结束"这种不合理、不专业的想法。

这个方法同样也适用于自我介绍。

很多人在做自我介绍时，都会死板地从学历开始介绍："我是某某某，我毕业于某某大学。"

对于在场的听众来说，这些真的是他们最需要的信息吗？

听众一旦认为："这个人讲话好无聊啊"或者"他说的话和我无关"，那他们就会对你所说的话充耳不闻。

因此，最重要的是，如何在一开始就吸引听众的兴趣。

可能很多人都认为，当众讲话最理想的状态是：刚开始不露声色，随后慢慢渐入佳境，在最后到达演讲高潮。所以他们会把自己最想表达的重点放到整个演讲的末尾。

但是，谁能保证别人会一直听到最后呢？

从大多数情况来看，一旦听众觉得你讲话无聊，那他们就不会听到最后。

　　如果你的讲话有非常精彩的部分，那就请不要吝啬，在演讲刚开始时就掷地有声地抛出来。这样听众才会觉得你接下来要说的内容也同样精彩，才会继续认真听你讲话（即便你接下来讲的内容可能不如最初精彩）。

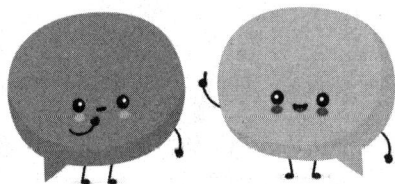

如何化解停顿尴尬——借此观察反应

演讲新手最害怕的就是突然停顿。

演讲中经常会出现这样一幕：演讲者正在台上绘声绘色地演讲，有一瞬间却突然"卡壳"了。面对这种情况，演讲者可能会乱了阵脚，不知道如何是好！

在一场力求建立"我们"关系的沟通与交流中，适当的停顿反而十分重要，必不可少。我们应该有意地在讲话中设置停顿，而根本没有必要害怕它。

当演讲突然出现停顿时，我们可以观察一下台下听众的表情，来判断他们对演讲是否满意、是否理解，以及是否觉得演讲很无聊。

概言之，就是要利用停顿来解读听众的表情。

如果演讲者此时想了解观众更真实的想法，也可以花些小心思，做一些不太会引人注意的小动作。

比如拿出手帕擦擦汗，中途喝口水，或者脱掉外套等等。

在我们做这些动作时，听众会放松下来。我们就可以趁机观察听众们此时的表情了。

如果对演讲者讲的内容很满意，听众看起来会满脸愉悦与满足，而不会是迷迷糊糊的。

如果会场内的气氛昏昏沉沉，那就代表着听众觉得演讲的内容十分无聊，或是晦涩难懂。

出现这种情况时，我们需要改变一下会场气氛，特意开些玩笑或是和听众闲谈互动。

总之，我们要根据听众的反应随机应变。

不过演讲新手很难做到这一点，尤其是像求职面试这样的场合，也根本不会留给我们闲聊的时间。

但是，闲聊并不是此处的重点。我想强调的是：如果谈话出现了停顿，我们要借此机会好好地观察听众的表情。

大家之所以害怕讲话出现停顿，是因为过于在意别人的看法。

这句话听起来好像是说话者考虑到了听众，但其实这种想法，就代表着说话者还是只关心自己。

看向听众，并意识到他们的存在，能使我们多在意听众一点，而少在意自己一分。只有这样我们才能够冷静下来，展示我们对听众的尊重。

认可听众的存在，并且充分尊重他们，才能使我们更好地与听众建立"我们"的关系。

充分地利用讲话间的停顿，也是为了达到这个目的。

如何破冰——做一个简单的游戏

在研讨会上，我们经常会听到一个词：破冰。

这个词已成为培训行业的固定用语，其含义是：让参加者的心情能够放松。

事实上，破冰是打破"I"和"YOU"之间分界线的一个强有力工具。如果只单单把其理解为舒缓参加者的紧张心情，那未免"大材小用"了。

活动身体、发出声音、大笑都可以有效打破分界线。

最简单且最有效的破冰游戏就是"剪刀石头布"。

我们可以事先准备一个小礼物。既可以是当地特色的小零食，也可以是一些点心，或是一根粟米棒也完全OK！总之都花不了什么钱。（笑）如果你有著作，也可以把带有自己签名的书作为礼物。若是实在没有来得及准备礼物的话也没关系！

如果你准备了小礼物，就可以拿着礼物对大家说："谁来和我玩剪刀石头布？赢的人可以得到这个礼物！"

游戏动作越大，就越容易打破分界线。因此，我们可以让听众站起身和我们一起玩游戏。

游戏结束后，让获胜的人站到最前面，此时演讲者再走到听众席中，带着获胜者上台，将奖品交给他，握手，再请他讲几句获奖感言。上述这一系列行为都可以帮助我们打破分界线。

一个游戏玩下来，会场内紧张的气氛就会得以缓和。

分界线被打破，我们才能够迎来"我们"的状态。

严肃的会议中，不太适合玩剪刀石头布这种游戏，但也有其他方法可以帮助我们打破分界线。

比如，会议资料不要事先就发放好，而是采取让大家一个人传另一个人的方式来发放。或者多准备几种饮料，让大家自由选取。这些方法都能有效打破分界线。

善用破冰游戏，可以让会场的气氛从一开始就处于"WE"状态。

如何让对方牢记——简短·重复

某课外辅导机构的老师曾靠着一句"就是现在！"而风靡一时。即便是现在，他仍是大家茶余饭后经常谈论的人物，被各大电视节目疯狂追捧。

为什么短短一句"就是现在！"能如此俘获人心呢？

因为这句话短小精悍。

小短句很容易被听众接受。

因为听起来不费什么力气，很容易便能进入人的潜意识。

"啪！"一下进入潜意识的话语，会令人难以忘记。

更何况，一句"就是现在"，每天都要在电视广告里听到无数遍，所以这句话自然而然地进入了我们的大脑深处，挥之不去。

其次，这句话的含义也非常简单，连孩子都能迅速理解，听过一遍后能立刻复述。

不过有些话，即使我们不知道是什么意思，也会深深地留在我们脑海之中。

总而言之，一句话只需具备两个关键条件，便能令听众记忆深刻：

1. 简短；
2. 不断地被重复。

那些很理性、很有道理，但稍稍有些复杂的话，只能掠过听众的脑海，睡一觉起来也就忘了。

真正进入听众潜意识的话语，就算睡一觉，还是不会忘记。

这种话在不知不觉中，还会变成自己的语言，成为自己的思想，某个时刻会不知不觉地脱口而出。

所以如果你强烈地想向别人传递某个信息时，请一定记住"简短·重复"这个法宝。

我想请问一下，大家知道"原声摘要播出（sound bite）"吗？

它是广播电视行业中的专业术语，含义是"言论摘要"，指的是选取一个十秒左右的金句，来向听众传达新闻信息。

这个信息长度很适合在新闻中当作范例。

懂得这一点的政治家，会直接将自己的观点凝缩成十秒的金句来表达。

美国前总统奥巴马常说的"Yes，We can！"就是一个很好的金句。

当众讲话时，如果想将某个信息传达给对方，并且希望对方记住，那就要使用短小而精悍的金句来表达。

只不过，这一点是很难做到的。

尤其是像教师、讲师这种学者，很不擅长用短小精悍的句子来表达自己的想法。他们在不知不觉中就会使用比较晦涩的语言表达，写出来的文字也很复杂。由于语言储备比较丰富，即使是同样含义的一句话，他们也会经常变换说法。所以，这类人很难做到"简短·重复"。

结果就会很容易造成一个现象：**语言储量越丰富的人，越不能将自己的想法传达给别人。**

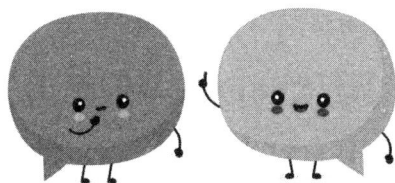

如何让对方感到舒服——先放松自己

很多人会十分羡慕电视里说话字正腔圆的播音员，认为他们非常厉害，甚至还会想："如果我能像播音员那样说话就好了。"

但是，普通人没有必要用播音员那种腔调说话。

与其说是没有必要，倒不如说是会适得其反。

这是因为播音员的说话方式是后天人为加工的。

在现实生活中，没有人会那么字正腔圆且流利地跟别人说话。

播音员之所以会那样说话，是因为他们在播音过程中，不能添加个人感情和思想，不能吐露个人看法。播音员的腔调其实算是他们的工作语言。

我们特意花费时间和金钱去听别人演讲，真正期待听到的是什么呢？其实不就是想听一些在其他地方听不到的真心话吗？

所以演讲时，不需要播音员式讲话。一旦听到播音员式讲话，人们会容易联想到那些过于形式主义的话，从而认为他们正在听的演讲也是浮于表面，敷衍了事。

充满人情味儿的语言，不需要华丽的说话方式。那些脱掉西装，放松领带时脱口而出的话，才是听众们真正想听到的。

发音和流畅度与内容是否精彩、听众们对演讲内容是否满意之间并无关系。

所以不要总执着于拥有漂亮的发音、流畅的语速、巧妙的话术和潇洒的措辞。

因为比起这些，**听众们真正期待的是演讲内容本身。如果想要让别人愿意听你说话，那你最应该考虑的是内容本身的质量。**

如何激发思考——适当提问

如何做才能让别人愿意听你说话，并对你说的内容记忆深刻呢？

为了把自己所说的话留在听众心里，我们要适当让观众思考问题。

在演讲过程中，演讲者要不断地穿插提问。

这是因为人只有在被提问的时候，大脑才会进行思考。听到问题后，人们会下意识地想去回答。

"大家知道这件事吗？""这个故事大家听过吗？"

只有像这样不断地进行提问，听众们才会不知不觉地用心去思考我们所讲的内容。

只有用心思考了，他们才会想继续听下去。

比如在上一节中，如果我直接写："广播行业里有一个固定用语——原声摘要播出，其含义是……"这种文笔恐怕根本吸引不了读者。

因此我抛出问题："大家听过'原声摘要播出'这个词吗？"以此作为整个段落的开头，给了读者思考问题的机会。

透过思考，我们所说的话会留在听众的脑海。有朝一日还会融入听众的思想，变成他们自己的语言。

演讲者仅凭自己单方面地说明，是无法令听众对演讲内容记忆深刻的。

所以在和别人说话时，要记得多使用提问的方式与其互动。

不过，如果我们提出的问题过于简单和无聊，听众也会反感。所以在演讲过程中，我们要时时关注听众的表情，适时调整问题的难度。

对于听众来说，徘徊在清楚和不清楚之间的问题难度其实是最合适的。

大家有注意到吗？即使是较为严肃的新闻节目也会引导观众

进行思考。

近些年，基本上每台新闻节目都会配置一名主播和一名助兴嘉宾助兴。

设置这种主持阵容，是为了能在节目中产生互动。

主播做出一段发言后，助兴嘉宾便会对此提出自己的疑问，这时主播再对其疑问进行解答。

这种你来我往的对话也会引发观众的思考。

如果是同一个人一直在单方面表达自己的观点，那么谈话内容就无法留在观众心中。

说到这里，究竟是一个人说整场的演讲方式更好？还是和听众有互动的演讲方式更好呢？答案其实不言而喻。

如何勾起兴趣——故意留白

如果想抓住听众的心，给他们一些思考空间，其实不一定必须通过提问才能做到。除了提问，我们还可以"故弄玄虚"。

很多电视节目会在精彩部分即将开始时，突然插播一条广告。

我们可能明明对后续不太感兴趣，但在听到"广告之后更精彩"时，仍然想看看接下来发生了什么。

当众讲话时也是如此，稍微给听众一些思考时间，反而会使他们更想知道真正的答案。

如果在问完"大家猜猜这个是什么？"后就立即揭晓答案，听众们就会不以为意，不一会儿就忘记了。

但倘若我们能在提问后，煞有其事地给听众留一些悬念，就会让他们产生迫不及待的心情：快点揭晓答案吧！

所以，我们要故弄玄虚，要适当留白。此处的留白和之前所介绍的"停顿"的作用稍有不同。

我们当然也可以利用这段空白的时间，好好观察听众的表情。但比起观察听众的表情，此时的留白是为了给听众思考的时间。

在说话过程中适当留白，可以帮助听众更好地理解我们的演讲内容。

所以，为了让我们的演讲更简明易懂，须要我们适时留白。

语速很快的人，其说话内容就不是很好理解。究其原因，语速快的人往往性格比较急躁，这样的人在说话过程中很少留空白时间（也可能根本不留），其所说的内容自然较难理解。

"故弄玄虚"表现法，其实不单单是指在讲话中留白，还有其他一些很有效的方法。这些方法都是我的压箱宝，只在这里偷偷告诉大家，请一定帮我保密！

听到这里，大家是不是觉得接下来要看到什么不得了的内容？我到底要讲什么呢……

大家是否已经看懂了我的意图？

上面几句话包含了我想强调的重点。

话不多说，还是直接为大家揭晓答案吧！请注意看画线部分哦！

"故弄玄虚"表现法，其实不单单是指在讲话中留白，还有其他一些很有效的方法。这些方法都是我的压箱宝，只在这里偷偷告诉大家，请一定帮我保密！

如果用这种表达方式去介绍一床鸭绒被，就算要花 20 万日元（约为人民币 1.3 万元），恐怕我也会买吧！（笑）

如何避免紧张感——控制语速

当众讲话时，要避免语速过快。

正如上义所说，如果我们在讲话过程中不留出一些空白时间，会让听众很难理解我们的演讲内容。

其次，**语速过快会使听众感到紧张。**

超市里，广播限时打折商品的播音员，语速普遍都很快。这是因为用很快的语速，滔滔不绝地播报限时特价信息，会煽动顾客的焦急情绪，让他们产生"如果我现在不赶紧去抢的话就再也买不到了"的想法。

但如果以同样的说话方式去做演讲，非但不能让听众静下心来听我们说话，反而会使他们情绪紧张，什么内容都听不进去。

语速过快的人具体可以被划分为以下三种类型：

1．不自信的人。这类人因为没有自信，只想尽快结束讲话，结果造成讲话速度越来越快。

2．聪明的人。聪明的人也很容易语速过快。

日本著名主持人"明石家秋刀鱼"（杉本高文）所主持的节目《秋刀鱼的东大方程式》中，会邀请许多东京大学的学生。东大学生在节目中的快语速也引起了人们的热议。有一位东大的学生这样解释道："想表达的内容实在太多了，所以只能加快语速。"

的确，比起普通人，那些脑子转的比较快的人，能考虑更多的事情。若想将自己的想法都通过语言来表达，那就只能加快语速了。

3．性格急躁的人。这类性格的人语速普遍很快。

因为性格急躁，所以这类人在说话时，可能会发音不完整，口齿不清晰。最终很难让人听懂他们讲话。

不论是上述哪种情况，毫无疑问的是：听语速过快的人讲话，绝不是件轻松的事。这也正是语速过快的问题所在。

语速过快的人说话，只是单单从"I"的立场出发，而并没有考虑到听众"YOU"的感受。

所以这种讲话方式无法帮助说话者和听众建立起"WE"关系。

特别是随着社会发展，我们身边的外国人会越来越多，听力逐渐衰退的老年人也会不断增加，大学校园里也会出现越来越多的稍年长学生的身影。

在这种时代里，"简单易懂"才是建立"WE"关系的最佳说话方式。

不过说话语速快也并非全然没有好处。

语速快会让人产生紧张感。在某些需要一定紧张感的场合下，我们也可以加快语速说话。

其次，如果说话一直都慢条斯理，听众很可能会昏昏欲睡。为了让我们的讲话更有节奏感，有时也需要加快语速说话。

需要注意的是：在我们故意加快语速说话的同时，有必要采取一些措施使我们的讲话内容更简明易懂。**那就是在讲话时特意**

留出空白时间。

如果能做到这一点，即使我们语速稍快，也能帮助听众理解讲话内容。

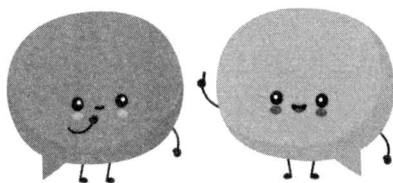

第五章

如何让对方"听了还想听"

让逻辑变得清晰的 PREP 框架

本章要为大家介绍演讲的框架构成以及上台时要做的心理准备。

要想让自己所说的话更简单易懂，必须重视话题如何展开，即表达的整体框架。

不经过深思熟虑，想起什么说什么，会使我们的演讲显得散乱且无章法。这种演讲过于草率，听众会无法理解你真正想表达什么。

因此，我们要把握好整体框架。

那么，究竟什么样的框架才能使我们的讲话更简明易懂呢？

我推荐大家使用"PREP 框架"。

"PREP"由几个英文单词的首字母组成。"P"表示"Point（要点）"，"R"表示"Reason（理由）"，"E"表示"Example（事例）"。

当众讲话时，我们首先要陈述要点（P），言简意赅地说明："今天内容的要点如下……"或"今天我想分享的是……"。

其次，我们要陈述理由（R）。例如，"今天给大家分享这个话题的理由是……"

之后，我们再举出具体的事例（E），此处着重陈述几件可以佐证我们观点的事例，通过这些事例，引导出整个演讲的结论和理由。

最后，我们对整篇演讲的要点（P）再次进行说明。

这就是所谓的"PREP框架"。在有关沟通交流和说话方法的书中，几乎都会出现这部分内容。

可能有很多读者了解过这个方法，但在实际讲话中，是否遵循了这个框架就另当别论了。

日本人说话并不是按照"PREP框架"来展开的，更多的是遵循事情的"起承转合"。

从小学开始,他们就会有意地利用这个表达方式讲话。所以,日本人说话往往遵循事情的起承转合。

这种表达方式会令别人很难理解说话者究竟想表达什么。

在这种表达方式下,说话者会从与主题毫无关系的话题切入,有时越讲越偏题,甚至有些说话者说到高兴的地方停不下来,往往导致最后还没进入主题,时间就到了。

在大学教授会议上,有些较年长的教授发言时,常常会从"本校建校精神"谈起,谈了很多却迟迟无法进入正题。(笑)

听众自然不会再愿意听他们讲话。

因此,在讲话时,**我们必须首先抛出整篇内容的要点(结论)**。

如果我们采用了"PREP 框架",即使演讲中途被打断,或是出现了讨论过于热烈、演讲时间不够等情况,我们依然可以传达给听众整场讲话的中心思想。

而且,"PREP 框架"是一种全球性标准,在世界各地都通用。

说句题外话,过去日本人会将《朝日新闻》里"天声人语"

栏目翻译成英语，以此来练习英语写作。而"天声人语"栏目里的文章是典型的起承转合结构，所以无论英语译文的语法多么正确，西方人仍无法读懂其真正含义。

当时，很多人认为只要把原文里的单词逐一地翻译成目标语言，外国人就能看懂。所以在翻译过程中，并没有改变原文的文章结构。

内容模块化与表达立体化

"我还想继续听你说话！"

对说话者来说，没有比听到这种评价更令人开心的事了！

每个人都希望自己讲话结束时，别人能评价道："欸，已经结束了吗？"或是"你说话真有趣！听你说话很开心！期待你下次的演讲！"

为了达到这样的效果，我们可以参考电视综艺节目的流程。

一场综艺节目，通常由几个主题不同的环节构成。

我们在讲话中，也可以运用这个结构，把讲话内容分解成不同的要素，将其"模块化"。

众所周知，大学里一节课是 90 分钟，如果我们将这 90 分钟按照综艺节目的结构来安排，会怎么样呢？

以我所教授的英语课为例，最初的 15 分钟由老师讲课，接下来的 10 分钟让学生做题，然后老师再花 15 分钟讲解答案，学生再练习发音……就像这样，以 5 分钟或 10 分钟等较短的时间单位来划分每个环节，不断地改变上课内容。

这种上课模式不会令学生们感到厌烦，他们的思维也能一直跟着老师的节奏。

将这种方法运用到演讲中也十分有效。

一场演讲基本上是围绕一个主题展开的。

我们可以将这个主题模块化，把整篇演讲内容划分为几个小版块，这样就不会让观众觉得我们的演讲过于拖沓。

因为整场演讲中，会时不时出现一个小版块的开始和结束。

这样的话，即使听众迟到或中途离场，也能明白我们演讲的中心思想。

相反，如果演讲者滔滔不绝，听众丝毫不知道他的演讲在哪里分段，也不知道什么时候才能结束，那他们只会感到痛苦。万一演讲中途听众没有跟上演讲者的思维，那整场演讲都会变得毫无意义。

以学校课程为例，日本史老师和世界史老师在上课时就特别容易出现上述情况。

此外，在设置每个版块的内容时，也是有窍门的。

即让参与者不断利用多种感官。

一开始，可以让参与者用耳朵听，接着可以让他们动手在纸上写东西，然后再让他们开口朗读所写内容、站起来阐述自己的观点等等。这一系列动作能让参与者不断地利用多种感官："耳朵→手→口→身体"，从而令听众觉得时间过得很快。

因为，当听众的某个感官疲惫时，换成其他感官，会令他们的精力集中，从而觉得整场演讲在不知不觉中就结束了。

偶尔利用闲聊穿插重要的"八卦"信息

老师、上司、父母对我们说过很多话，而我们现如今仍清晰记得的，都是那些在闲聊或者玩笑中听到的事。在前文中我也提到过，闲聊蕴含着非常强大的力量，让人即使过了几十年仍不会忘记。

当众讲话时，我们要有效利用这股强大力量，将自己想传达的信息，真真切切地传达给对方。

具体应该怎么做呢？

其实就是在闲聊中穿插自己真正想要传达给对方的信息。

我曾因为种种原因，参加过一场让人略感奇怪的商业研讨会。在那场会议上，就有演讲者成功使用过这个方法。

研讨会由公司推荐的成功商业人士依次上台，分享自己的成功经验。

在他们的分享过程中，偶尔会穿插一些闲聊。

有一位看起来收入不错的男性，上台说明具体的商业模式及其意义。他虽然看起来像是被邀请来的演讲者，实际上是这场研讨会的主办者。在这么生硬的说明中，他忽然说道："我这人经常会乱花钱。前段时间，我一冲动买了一辆进口车。"

这样一句闲聊，使他的演讲突然变得不再生硬。

听众们听完这句话后，也是兴趣盎然。

"原来他这么有钱啊！一冲动就能买辆进口车！"听众们殊不知自己已经完全落入了敌人的圈套。

因为演讲者说这句话肯定是有意为之的。他是利用闲聊，将想要传达的信息悄然传递到听众的潜意识之中。

如果他在演讲过程中，一本正经地说："我在领域内已经取得了成功，现在开的是进口车。"那听众们是不会在意这句话的。

而正因为他在闲聊中传递了这个信息，听众们才会相信。

此外，听众们总是会对说话者的私事十分感兴趣。

在学校，老师一本正经上课时，学生们兴致多半不高。

但倘若老师说："我前几天在约会时……"，学生们就会兴致高昂，竖起耳朵听后续。

正因为闲聊中会谈及每个人的私事，才显得十分有趣。大家对此也会很感兴趣。

如果我们想在闲聊中穿插自己真正想表达的内容，最重要的诀窍是：**要像在讲述自己的个人经历一样。**

所以，我在前面描述的好像是自己现场看了那场商业研讨会！（笑）

90％ 的已知信息，10％ 的未知信息

一场演讲中，如果全程谈论的都是听众听不懂的内容，那他们会觉得力不从心。

相反，如果谈论的都是听众已经了解的事情，那整场演讲会特别无聊，听众对此也不会感兴趣。

"他说得这件事情我知道，这件我也知道，那件我没听说过。"如果我们大致按这样的比例，在演讲内容中穿插一些听众未知的信息，就会令他们对演讲充满期待。

虽然我在本小节的标题中写的是"9：1"，但"8：2""7：3"其实也无妨。

重点是我们要偶尔穿插一些出人意料的内容。

学习者在阅读英文文章时，未知信息最恰当的比例是约占全文的 10%。这点在英语教育界被广泛认可。

如果整篇文章都是不认识的语法和单词，学生就无法阅读。

倘若一篇文章全是学生能读懂的内容，那他们就没有动力继续学习，老师们也不会全身心地投入教学。

所以，如果学生理解一篇文章中 90% 的内容，剩下 10% 的内容不理解，那么这种已知信息和未知信息的比重不仅不会影响他顺利阅读，还会驱使学习者产生学习的欲望。

当众说话时也是同理。

如果我们在讲话内容里稍微夹杂一些听众不知道的信息，那他们就会产生强烈的欲望，想要了解这部分的具体内容，甚至还会自己用手机检索。

但倘若一个演讲中，夹杂了过多听众不知道的信息，他们便会想要放弃，更不会自己拿出手机饶有兴致地查询。

另一方面，很多想要当众说话的人，服务精神都非常强烈。他们急切地想给听众提供新的信息，结果往往适得其反。

因此，未知信息或原创内容约占整体内容的 10% 即可。

这样听众才会身心放松。

如果演讲时长为一小时，我们只需用 6 分钟左右来讲一些新的信息。

在这 6 分钟之内，我们要充分展示自己的创造力、只谈论那些真正想要传达给听众的内容。

只要能将这 6 分钟的内容真真切切传达给听众，那这场演讲就是成功的。

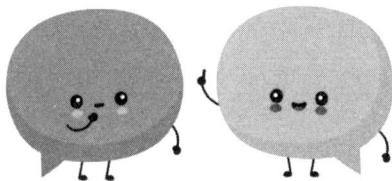

巧妙设置选项，引导听众思路

说话者如何做，才能把听众的思维引导到自己期待的方向上去呢？

我们只需问："大家觉得哪个更好呢？"像这样给出选项，让听众进行选择即可。

如果是在致富论坛上演讲，那首先可以问听众："大家想成为有钱人吗？""难道大家想一直这样贫穷下去吗？"来听这种演讲的听众，多半都想成为有钱人。

演讲者接着便可以问："大家认为成为有钱人，是容易呢？还是很难呢？"

几乎所有人都会认为赚钱很难，所以演讲者可以鼓动他们："其实变成有钱人很容易。大家想不想知道快速致富的方法？"

每当面前出现两个选项时，人们总会想从中选择一个答案。而且他们坚信，所选的那个答案代表了自己的想法。

其实，选项可能并不止两个，或许还有更符合自己想法的最佳答案。但是，人们在二选一的那个瞬间，会误以为所选择的答案代表了自己的真实想法。

这是个非常狡猾的方法，所以请注意不要在一场演讲中过多地使用。

但如果你能有效运用这个方法，它就会变成一个强有力的武器，让别人愿意听你说话。

这个方法在生活中也很常见。大家想不想知道日常生活中的哪些场合会使用这个方法？（笑）

故事发生在我的一位女性朋友身上。

有一次，她去服装店买衣服，看到了一件自己十分喜欢的连衣裙，试穿后也觉得非常合适。于是她便对店员说道："把这个帮我包起来吧。"店员却回答道："您选的这条连衣裙，可以搭配这件毛衣，非常好看。"就这样，我的朋友不得不试穿了一件白色毛衣。

她告诉店员："这样搭配确实很好看，但我今天只想买条连衣裙。"店员却接着说道："您再试下这个颜色，整体感觉又会不一样哦。"我的朋友又接连试了两件橙色和蓝色的毛衣。

在试衣服的过程中，其实她的内心是在考虑：哪个颜色更好看？这时，她已经跳过了买还是不买的阶段，而是默认要买，开始选颜色了。

最后，除了那条连衣裙，我的朋友还加购了一件橙色毛衣。这就是店员不断提供选项进行诱导，最终取得了成功。

实际上，这是服装店销售员经常使用的技巧。

如果店员像强迫似的问顾客："您再买一件毛衣来搭配吧？"那顾客肯定会回答："今天先不买了。"

所以，店员们才会无视顾客真正的消费意图，摆出几个选项（这个例子中不再是二选一，而是有三个选项），最后再让顾客进行选择。如此一来，顾客就会感觉这一切都是自己做出的选择，从而可以获得满足感。

为什么我会这么说呢？证据就是我的这位朋友在买下那件毛衣后，丝毫没有后悔，反而觉得这次购物很成功，非常高兴。

巧妙设置选项，边让对方做出选择，边把对方的思维诱导到自己所希望的方向上来。这个技巧在很多场合中都能派上用场。

还有一个生活中很常见的案例：

有时候，孩子不想写作业。很多母亲常常会问："你今天是想吃完零食后再写作业呢？还是先写作业后吃零食？"看来，妈妈们也是出人意料的狡猾呢！（笑）

一个精妙的比喻，就能让对方"秒懂"

上田晋也是日本搞笑艺人组合"奶油浓汤"的成员，同时也是一位"比喻吐槽"的高手（大家感兴趣的话，可以在网上搜一下他的"吐槽语录"）。

所谓的"比喻吐槽"，是指使用比喻的方法来吐槽别人。上田晋也十分擅长运用比喻，甚至可以说是到了炉火纯青的地步。

比如，当大家在节日中自说自话时，上田晋也会说："这里可不是罗多伦咖啡馆[1]！"

如果发生了非常离谱的事，他会说："这不可能，简直就跟韩国人不吃泡菜一样离谱。"

---

1. 日本最大的本土咖啡连锁店。

对那些跟不上潮流的人，他会说："你可真落伍啊，这速度就像到了 11 月才想起来吃冷面。"

他的每个比喻都能精准地让人立马联想到当时的画面。

而且，打比喻的重点是，要贴近生活，能让人一下就明白自己所形容的情形。

所以，每当遇到难以解释，有些说不清的事情时，我们就可以善用比喻手法来进行说明。

只要我们的比喻得当，即便是很难理解的概念，也能让听众瞬间明白。

就像老花眼，没有戴老花镜时看东西很吃力，突然戴上后，视野一下就清晰了。我可不是在拿自己打比喻哦。（笑）

仅凭巧妙的比喻便能让我们在谈话中大获全胜。

因为，听众可以立刻感受到我们形容的状况，理解并记住我们想传达的信息。

善用比喻是个十分高超的技巧。想练就上田晋也一样的本领，也并非易事。

打比喻时，不仅仅可以使用简短的一句话来说明我们想表达的内容，还可以善用故事。

实际上，《圣经》一书中就使用了大量的比喻手法。

因为来自神的消息如果不加改动，普通人是很难真正理解的。

《圣经》中有这样一段对话：

门徒问耶稣："对众人讲话，为什么用比喻呢？"

耶稣回答说："只有善用比喻，人们才能听我说话，才能明白我想说什么。"

这就是比喻的意义。

不同角度的阐释，会产生奇妙的效果

大家看过《东京体育报》吗？

女性可能不常看，但男性起码都看过一两次吧？（笑）其实，每天也有很多粉丝在期待最新的《东京体育报》出刊，我也是其中之一。

《东京体育报》究竟有什么有趣之处呢？

那就在于它第一版面的标题。

《东京体育报》每天都会有一些令人惊讶的有趣题材，还会刊登很多其他报纸不敢报道的内容。比如：UFO、尼斯湖水怪、猫王还活着等等（最近的报纸中，类似报道没有过去那么多了）。

所以在报刊亭看到《东京体育报》时，我总会忍不住买一本。

《东京体育报》在选择报道话题和拟定报道标题时，充斥着"玩乐之心"。

所谓的玩乐之心指的是从不同的角度看事物。

《东京体育报》报道的不是大家都知道的正面的内容，而是从大家看不到的角度挖掘不一样的报道。就好比特意将视角倾斜30°左右，眺望景色。

从这种视角出发，就会挖掘到令读者惊讶或发笑的内容。

因此如果你想讲一些可以引起听众兴趣的故事，读《东京体育报》或许是条捷径。（笑）

我以前在大学教书，这个行业的人们普遍喜欢读《朝日新闻》。因为《朝日新闻》中"天生人语"栏目的内容经常会出现在考试中。

每个人的信息源相同，思维也就有相通之处。

在这种情况下，《东京体育报》则向我们提供了完全不一样的视角。

所以，当所有人都倾向于站在一个角度上时，我们可以从另一个与众不同的角度来阐述自己的意见。

像《东京体育报》一样转换视角来看待世间事物，对于建立"WE"关系来说极为重要。

因为这样可以帮助我们理解与自己不同的人。

话不在多，而在精

教师和讲师的工作其实就是说话。从这个角度考虑，好像话多的人更适合这个职业。

但事实果真如此吗？

大家身边有没有话很多的人？

你们又是怎么看待他们的呢？每当他们说话，你会不会心想："又来了？"

我有位朋友就是如此。只要话多的人一开口，他就立即捂上耳朵，开始思考其他事情。

请大家想象一下：如果学校校长话很多，那这所学校在开早会时会是什么情形呢？

如果他来你的婚礼上做致辞，又会是什么样的情形呢？

话多的人一旦开口说话，听众是无法听进去任何内容的，因为他们脑海中始终在想："快点结束吧！"

一旦你被贴上话多的标签，听众就无法听进去你所说的内容。

为什么大家会不喜欢话多的人呢？

因为这类人并不是在为听众说话。不论听众是谁，他们都只管自说自话。

事实上，话多的人会把同样的话说给所有人听。只要有听众，就要让对方听他说话，这种态度，着实令人反感。

表面上，这类人是在对着听众说话，实际上，他们并不在意对方是谁，而只把对方视作听话者。这多少有些看扁别人的意思。

所以，听众才会和那些话多的人保持距离，不会主动打破分界线。

此外，上文也稍微提及，婚礼上恩师的发言通常都十分冗长，这是为什么呢？

一方面，是因为老师的年纪都大了。（笑）

另一方面，教师常年从事这个职业，会认为别人听他说话是理所应当的。站在这个立场上，他们就会不顾听众的感受，自说自话。

事实上，话多的人是看不见听众的。他们就像是在闭着眼讲话，不考虑听众的感受。

另外，当众说话时，一定要严格遵守时间限制。

如果我们超出了规定时间，就会影响后面的发言人。他们不得不压缩自己的演讲时间。但这部分人事先也是严格按照规定时间来准备自己的演讲内容的。

如果你后面还有多位发言人在等待发言，那每个人遭受的损失叠加起来，后果也会扩大数倍。

站在听众的角度来考虑，可能有的听众，是想好好听后面这部分人发言；也可能有的听众，已经按原计划时间定好了行程，买好了高铁票或飞机票；又或者有些听众有其他重要约会。

站在主办方的角度来考虑，如果演讲者超时，他们就会非常担心，因为会场延时使用费可能十分昂贵，或者下一个活动马上就要开始，要快速离场。

如果你是因为爱说话才想当老师，那请务必注意自己的讲话时长。

只有做到这一点，才能在教室或会场与听众迅速建立"我们"的关系。

调节说话的氛围也很重要

当众讲话时，我们必须掌握一些能让听众安静下来的方法。尤其是当听众是孩子或者学生时。

在本节，我要为大家介绍一些能使听众安静下来的有效方法，使用这些方法就不必大声怒吼："各位安静一下！"。

前几天，我去了最近人气很高的居酒屋单口相声风格的曲艺场。

虽然是曲艺场，但里面的客人似乎还不太清楚听单口相声时的规矩。即便曲艺场内响起了背景音乐，相声演员也已经登场了，但场内还是非常嘈杂，很多听众仍然在热火朝天地闲聊。

但此时，台上的相声演员却微笑着环视了一圈会场。默不作声、一脸悠闲地等待会场安静下来。

正在吵闹的听众看到这副情形，便立刻安静了下来。此时相声演员便大笑着说："大家准备好了吧？"

原本嘈杂的会场瞬间变得出奇的安静，听众们齐刷刷地看向舞台，相声演员便迅速进入正题。场面真的太精彩了！

不论是上台演讲，还是开会轮到自己发言，抑或是在结婚典礼上做致辞时，会场环境都会十分嘈杂。可我们往往没等听众安静下来就立刻开始了自己的发言。

但在这种情形下，我们应该稍稍停顿一下，并环视整个会场。

请大家注意，此时一定要面带和善的微笑，绝对不能给听众一种"你们给我安静下来！"的感觉。

待大家安静下来后，我们便可以开始发言了，"大家好""初次见面，我叫某某某"等等。

为什么要面带微笑呢？

只有面带微笑，我们才能与听众建立"我们"的关系。再者，虽然会场很嘈杂，但演讲者并没有因此心生不悦，听众反而会感到抱歉。他们会想："我们这么吵，他却大度地接受了我们"，因此听众们会更加认真地听我们说话。

在学校，老师上课时经常会做出类似的行为。

面对嘈杂的教室，老师会一脸不悦、默不作声地等待学生安静下来。

但是，老师的这种做法并不等同于我刚才介绍的情形，还请大家不要混为一谈。

此时的老师虽然没有使用语言和暴力，但却是以一种无形的力量压制学生。这种镇压会使"I"和"YOU"的对立关系更加严峻。

而上文提到的相声演员的做法则是通过与听众建立"WE"关系，使他们安静下来。所以这两种做法的性质完全不同。

我想再给大家介绍一个能在嘈杂的环境中让人安静下来的方法。我曾在大学里当教师，在这方面有过许多尝试摸索，这个方法就是我的成果。

我的方法也绝不是怒吼一声："吵死了，请安静一点！"

因为怒吼会适得其反。在嘈杂的环境中，如果你提高音量，那对方反而会用更大的声音说话。

我要给大家介绍的方法不费气力，十分优雅，类似于刚刚相声演员所采取的方式。

即越是嘈杂的环境，我们越要压低自己的声音、用平静的语调说话。

可能你会想：这样有用吗？其实效果十分明显。

嘈杂，是因为听众们正处于兴奋状态。我们只需让他们平静下来即可。为了让其平静下来，我们当然要刻意用平静的语调说话。

每当我这样做时，虽然学生们并不清楚我在说什么，但他们知道此刻我非常冷静。

这种冷静会慢慢扩散，让整个班级都慢慢地安静下来。

而我们刚才提到的用怒吼来使学生安静的方法并不奏效，是因为它无法平息学生们的兴奋状态。即使他们暂时安静了一会儿，马上又会喧闹起来。

拉近彼此距离，能挽救"说话不精彩"

一旦我们和听众之间建立了"WE"关系，听众就会变成我们的啦啦队。

即便有时我们说错了话，或是突然词穷，听众都会积极地帮助我们。

我经常能体会到这种"我们"的力量。

有一次，我在学生的演唱会中就见识过。

我的学生绘里和她的朋友树理香组成了一个组合。组合名字稍显奇怪，叫"女子单身俱乐部"。（笑）但她们唱歌很好听。

我要讲的故事发生在去年七月她们的演唱会上。

当时，她们预计八月份在涩谷举办一个大型演唱会。会场能容纳 600 名观众，所以需要大力宣传。虽说她们唱歌十分专业，但毕竟是新人歌手，要想成功举办这项活动还是挺不容易的。

所以，她们在平时的这种小型演唱会中，会特意留出时间进行宣传。

绘里首先开始宣布演唱会的基本信息："下一次演唱会是 8 月 19 日。地点在涩谷的 O-WEST"。她只宣传了这么多，就再也没说什么（其实绘里和树理香两人都非常不擅长当众讲话）。

请注意! 请注意! 请注意!

像时间地点这样重要的信息，必须得多次重复。重要的事最少说三遍!（这是我的心声）

绘里就这样简单两句带过了重要信息，无法给听众留下任何印象。周围也有人在问："什么时间? 我没听清!"

我又生气又无奈，只好大声问道："下次演唱会是什么时间?"

绘里回答道："8 月 19 日"。

我顺势便说："是俳句[1]日，俳句日!"

然后我就听到周围人说："这下记住了!"

1.日语中，俳句的发音和"819"的发音一致。

哈哈哈，估计听众都忘不了这个时间了！

我当然是明知故问。但是通过提问和谐音，会使周围的人对她们的演唱会日期更加记忆深刻。

顺便说一下，绘里她们和粉丝之间已经建立了强有力的"WE"关系。（我也算粉丝一员）

而我之所以想为她解围，想支持她，正是因为有这种"我们"的力量。特别是在绘里这样不善言辞的人面前，"我们"的力量会格外显著。

因为每当她们语塞的时候，粉丝都会在台下大喊加油来为她们解围。

所以，如果能与台下的听众建立起强有力的"WE"关系，即使我们不善言辞，也不会出现什么大问题。

这就是"我们"的关系的强大力量！特别是那些对于讲话没有自信的人，当众讲话时，请一定努力与听众建立起"WE"关系！

作为本书的结尾，在下一章中我将为大家介绍在日常生活中的各种场景下，让别人愿意听我们说话的小技巧。

第六章

如何搞定高难度的沟通场景

最后一章，我想介绍一些在日常生活中的各种场景下，让别人愿意听你说话的小技巧。

首先，我们需要知道：听众是谁？以及谈话发生在什么场景下？

根据听众以及谈话场景的不同，我们要随时变化自己的"说话方式""说话内容"和"说话目的"。

请各位读者回想一下自己的经历，你是否从来都没有意识到这一点，即使在不同场景，面对不同听众，还是采取同一种说话方式呢？

接下来，我将为大家介绍许多实践性较强的具体方法，还请大家学以致用。

场景一：自我介绍

【基础篇】

请大家回想一下，在你和别人第一次见面，互相做自我介绍时，能顺利记住对方名字的概率是多少呢？

根据我的个人经验，这个概率非常低。

日语中，一句话的发音通常是刚开始很强，之后渐渐变弱。音乐术语中，这个现象叫渐弱。

如果在自我介绍时说："初次见面，我的名字叫小川直树。"

那"初次见面"的声音会相对较大，而在说到"直树"的时候，音调就已经变得很低了。

如果在自己的名字前加上所属的公司名称或部门名称，那介绍前面各类头衔的声音会相对大一些。等说到我们自己的名字时，声音就低到几乎快听不见了。

而且，对于那些经常说的话，人们会习惯性地敷衍了事。我们每个人的名字，每天挂在嘴边不知道要重复介绍多少次，所以在做自我介绍时，会不自觉地发音敷衍，草草带过。

然而，对于初次见面的人来说，我们的姓名是最关键的全新内容，但有很多人忽视了这一点。

说话的"渐弱现象"和"对常说的话发音敷衍"这种习惯在打电话时会变得更加严重。

我们在接电话时，最常挂在嘴边的是："您好，我是某某公司的某某"。

说话者或许还会为自己能如此流利地自报家门而感到沾沾自喜，但电话那头，对方可能完全没听清楚。

他就不得不请你重新介绍自己，此时的对方多少会不好意思。而正是这种错误的说话方式，令对方出现了尴尬情绪。

在自我介绍时，最重要的是做到"语速缓慢、咬字清晰"。

特别是在介绍公司名、姓名等专有名称时，尤其需要我们大声地、清楚地、缓慢地说出来。

用英语做自我介绍时，很自然地能做到这一点。

英语母语者在说："Hi, my name is Naoki Ogawa"时，能非常清晰地说出最后名字的部分。而日本人即使在说英语时，也会夹杂着日语语调渐弱的习惯。

在外国人听来，日本人的名字原本就很难理解。加之这样的语调问题，会让外国人更难以听清。

我们经常把自我介绍误以为是自己单方的事情，其实并非如此，自我介绍是要说给对方听的，所以我们必须抱有"要让对方愿意聆听"的想法。

总之，我们要站在对方的立场去考虑他究竟想了解我什么？

从这个角度出发，我们理应做些努力来让对方听清我们的名字。

【发展篇】

在自我介绍中，除了姓名之外，还会介绍其他的个人信息，以此向对方传达我们的"为人禀性"。

尤其在求职面试和相亲中，自我介绍更能体现一个人的为人。

那我们该如何做自我介绍，才能使对方印象深刻呢？

此时，千万不要忘记：**人们只会听自己想听的内容，且只对自己想知道的事情感兴趣。**

我们必须在此前提下，思考自我介绍的具体内容。

求职面试时，面试官想要听到的是："这个人能为我们公司带来什么利益"。

如果对方公司不需要英语能力，那不论你多么努力地介绍自己的留学经历，展示自己"实用英语技能检定一级""托业考了850分"，面试官都不会对此产生兴趣。

此外，大部分面试官根本不在乎求职者曾经在大学社团里做过哪些事情。

如果对方公司是连锁餐饮业，比起上述这些信息，你倒不如告诉面试官："我经常到全国各地，去发掘和品尝好吃又新奇的美食"。这样更能提起面试官的兴趣。

如果是房地产公司面试，你可以说："我小时候经常搬家，每次搬家后，家里的布局就会有所变化，十分不方便。所以，关于理想的房间布局，我有着自己的想法！"这种话也能够让面试官愿意聆听。

相亲时也要根据相亲对象的不同来调整自我介绍的内容。

我们要考虑对方对结婚对象的要求，并明确向对方传达我们符合要求的内容。

如果能做到这一点，就可以让对方对我们产生好感。

开个小玩笑，我觉得相亲中最好的自我介绍是："初次见面，我叫小川，我的年收入为3000万日元（约为人民币195万元）"或者"我是有1亿日元（约为人民币650万元）存款的小川"。

不过！这个年收入和存款金额都是虚构的！还请各位正在相亲的女性们不要眼神炽热地扑向我！（笑）

话说回来，有的人会有固定的自我介绍，分为三分钟版本和一分钟版本，并在私底下不断地练习背诵。

但对着所有人都重复着同样的自我介绍，仅仅是种自我满足罢了。

自我介绍一定要包含"固定信息"和"为听众私人定制的个性化信息"。

所谓的"为听众私人定制的个性化信息"，是要加入不同的听众想要了解的内容。

【应用篇】

笨嘴拙舌、对开口说话没有自信的人，在出席相亲派对、联谊会，或者参加行业交流等活动时，该如何做自我介绍呢？

请记住，你可以只说那些必须要说的信息（姓名和对方想听的内容）。说完之后，只需要面带微笑听别人说话就足够了。

这个世界上，有太多"想说话"的人。

当一名倾听者，并在说话过程中经常回应对方，就能给人留下一个好印象。

这个方法在相亲时尤其奏效。

如果你对相亲对象说："我这人不太会说话，接下来就请你告诉我一些关于你的事情吧。"仅凭这一句话，就能给对方留下一个好印象。

因为这是在向对方传达：我想了解你。

在听对方说话时，可以反映夸张一些。适当夸张的反应有利于建立起"我们"的关系，不过最重要的还是反应要自然、真实。

总之，在这种场合下做自我介绍，只需向让对方知道你性格不错就足够了，没必要介绍过多的个人信息。

自我介绍的下一步是"深入了解对方"。

在上述这些场合下所做的自我介绍，都是为了让双方判断到底要不要走向下一步。所以，在这个阶段，我们只要举止得体，给人留下好印象就可以了。

场景二：销售与营业

【基础篇】

大部分从事业务类工作的新人，都会被派去基层开发陌生市场。

上司可能会递来一张住宅区地图，要求你："挨家挨户走访一遍""去把市中心的办公楼全部走访一遍，留下联系方式"。

如果是食品工厂，上司可能会要求你在便利店观察营业情况。如果是广告代理商，上司可能会要求你去商业街逐一拜访。

此时，我们该怎么做，才能让客户愿意听我们说话呢？

如果我们在忙碌的工作日，且没有任何预约的情况下，突然登门拜访，那基本上不会有人愿意听我们说话。

因为不论是哪个公司、哪家店，我们都是第一次去拜访。这时就如同身居客场，理所当然会遭到冷漠对待。

那么，如何做才能将客场变成我们的主场呢？

首先，最重要的是混个脸熟。

我们需要做的是：面带笑容，多多出现在我们的客户面前，跟他们说："我刚好在附近办事，所以来你这看看"。

此时，请不要着急推销自己的公司和业务，因为我们的目的不过是和客户稍微拉近一点距离。

若是能得到一点说话的时间，那你就要找些话题。

和对方闲聊也无妨，此时最重要的是找对方愿意多聊的话题。比如工作中的抱怨、老板说的大话等等。

尽可能让对方多说一些，自己则扮演热心的聆听者的角色。

如此一来，我们就能和对方建立起"我们"的关系。

长此以往，对方也会愿意听我们说话，生意自然而然就来了。

在基层开发陌生市场，最重要的是要有耐心。一个销售新手，是不可能瞬间谈下大买卖的。

【进阶篇】

如果站在店门口招呼路过的客人："欢迎光临""您需要些

什么"，很多客人会拔腿离开。

那么，招呼客人时该说些什么呢？

我的建议是：**先关心并赞扬对方。**

假如你是个卖擦鞋工具的销售。

如果你问过路人："您需要擦鞋工具吗？"肯定不会有人回答你说："我正好在找这个！我买一套！"相反地，大家几乎都会快步离去。

这种时候，我们可以注意路人的鞋子。只要看到有人穿的鞋很好看，我们就可以夸赞他："哇——你的鞋好漂亮啊！是进口的吗？"

对方听到你的夸赞，很可能会停下脚步，回答你的问题："没错，是意大利产的。"

此时，你就可以借此机会，与他热火朝天地聊一会儿鞋子的话题。

再试着询问："您平时都是怎么保养鞋子的呢？"

如果对方回答你是"自己保养"，那就可以借此机会介绍所售的擦鞋工具了。

此时主动告诉对方："我给您稍微保养一下吧"，那对方多半不会拒绝你的请求。

倘若对方对保养效果比较满意，也会认为你用的擦鞋工具效果很好。

做销售的终极目标，是把手中的商品卖出去。

但在开始阶段，一个销售的目标绝不是"卖东西"，而应该是思索如何让客户高兴。

这一点对于跑业务和做销售来说，十分必要。

我们首先要尊重对方，而不要从一开始就把对方视为自己的销售对象。

好好观察眼前的这个人，并且为对方"量身定制"一些赞美之词，会让对方认为："这个店员很重视我"。

只有做到这一点，顾客才会向我们敞开心扉，和我们建立"WE"关系。

一味地说那些程序性的销售语言，是无法让顾客对我们敞开心扉的。

因为那些话语可以套用在所有人身上，随处可以听到，且极其廉价。

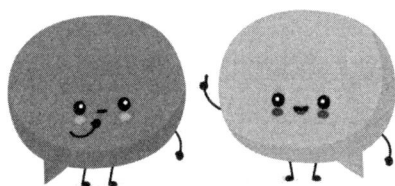

【基础篇】

职场中，做工作汇报的机会很多。

请大家注意：在汇报过程中，务必要面向听众。

这样说可能会让人觉得：你说的这不是理所当然的事吗？听众就坐在我面前，我肯定要面向他们汇报呀！但实际上，有很多人在做汇报时，会忽视听众的存在。

忽视听众存在的工作汇报是什么样子呢？

在有些汇报中，汇报人会过于依赖幻灯片，而忽视听众的存在。这类人不论何时，不论何地，都会使用同一个幻灯片，讲着相同的内容。

既然如此，何不把自己汇报的情景录成视频，在需要的场合进行播放呢？

其次，有的汇报人会躲在幻灯片和电脑后面讲话。这也是拒绝与听众形成"我们"的关系的表现。所以，请大家在做汇报时，务必面向听众。

不完全依赖幻灯片，不躲在电脑后面，尊重在场的每一位听众，面向他们好好汇报。

而且我们所做的每一次汇报，都应该是独特的，仅此一次的。只有这样，才能做到真正尊重听众。

人们为什么会去听演唱会呢？如果只是单纯地想听音乐，那在网上听或者听 CD 不就行了吗？

人们之所以去演唱会，是因为在现场能看到音乐家本人。音乐家所演奏的音乐，是此时此刻只为在场的听众们演奏的。

工作汇报也是同理。

在工作汇报中，我们应该做到：**注视并尊重面前的听众，力**

求每一次汇报都是只有当下才能听到的、独一无二的。

只有这种汇报，才会让对方感受到被尊重，"WE"关系自然而然就会出现了。

此时的"我们"是让对方想要继续和我们一起共事的第一步。

【进阶篇】

做汇报时，我们要时刻考虑听众的感受。

我曾经听过这样一场汇报：汇报人把策划方案发到听众手中，而策划书上的内容和投影屏上的内容完全相同，之后他就一字一句地照着投影屏上的内容读。

每个人都是从繁忙的工作中抽出时间来听汇报，如果汇报人仅仅是这样照本宣科，那不就是在浪费彼此宝贵的时间吗？

我们要在充分考虑听众感受的基础上，构思并制作汇报内容，切忌冗长又无聊，一定要把听众所需要的信息缩减到少而精。

除此之外，我们还要将对方最想知道的信息放在前面进行汇报。

总而言之，**要删去一切多余的信息，只传达那些对对方有利的信息**。只有掌握了这个核心奥秘，别人才会愿意聆听我们的汇报。

在制作幻灯片时也要遵循这个原则。

所谓幻灯片，是要让别人一眼看过去就能了解我们想表达什么。

如果硬塞很多信息或者一个幻灯片上满屏都是字，那这种幻灯片只能满足制作者自己的虚荣心，并不会给听众留下任何印象。

对方无法提取幻灯片上的信息，我们就无法将自己的想法传达给对方。

所以幻灯片上的文字要少，字号要大。

此外，在汇报中不能故意隐瞒不利信息，否则无法获取对方的信任。

如果在汇报结束后，对方突然意识到自己被欺骗了，会产生什么后果呢？

不论之前你为了赢取对方的信赖，做过多少努力。在他意识到自己被你欺骗的那一刻，这些努力和积攒的信任都会化为泡影。

如果你的策划确实存在缺点和不足，那在汇报最开始时就应该向对方坦诚说明。

凭借这种坦诚，反而可以获得对方的正面评价。

汇报的最终目的，是让对方认为接下来可以和你进行合作。这关乎我们是否能与对方建立长久"我们"的关系，所以，在整个汇报过程中，我们都必须时刻展示出对对方的尊重。

【应用篇】

在这一小节中，我想为大家介绍从潜意识中打动对方的方法。

如果你想把对你有利的信息顺利地传达给对方，那就需要打一个小小的心理战。不过，这个心理战并不是什么难事。

我们需要利用汇报展示过程中的中场休息时间。因为这个时间段，对方会放松下来。

这时，我们可以非常自然地说一句："之前我和 A 公司老总一起吃饭的时候……"请记住：语气一定要自然！

而且，这个 A 公司一定要是业内鼎鼎有名的大公司。对方听到你说这句话后，可能会倍感惊讶，"原来这个人这么厉害啊！和那个老总一起吃过饭！"

或者还可以说："前几天和 B 公司经理一起去看了摔跤比赛。我们俩一起看比赛估计得有十几年了。"这样说能让对方知道：你是一个被客户信任的人，和客户的私交也非常好。

如果这种个人印象潜入了对方的潜意识，那他也会慢慢对你产生信赖感。

只不过，如果你的口气听起来有些自大，那可能会适得其反，甚至还会激起对方的逆反心理。

所以，我们一定用自然的语气。

最好可以把这些话穿插到其他的话题之中。比如在和别人聊日本酒或是摔跤比赛时，将上述这些事作为话题的一部分来谈论。

对方在听你说完之后，很可能没有做出任何反应。但此时他的内心肯定还是会觉得自己听到了一些有用的信息。所以，我们也不要过于介意对方表面是否做出了反应。

除了上述的这些话题，谈论自己的家庭，同样可以取得不错的效果。

"前几天我第一次参加了孩子学校的开放日活动，真是感慨万千啊！"说这句话，会让对方认为你是一位好父亲或好母亲，从而对你产生亲近感。

这种好感最终都会转化为对你的信任。

所以，请充分利用闲暇的休息时间，轻描淡写地向对方传递一些有利的个人信息。

你所说的这些话都会进入对方的潜意识，从而对你另眼相看。

场景四：私人关系

【亲子篇】

叛逆期的孩子，总是不听父母的话。

父母该如何是好呢？

最好的办法是"自言自语大作战"。

青春期，尤其是叛逆期的孩子不会和父母进行正面沟通，但内心依然在意父母的看法。

所以，当父母有一些想法想要传达给孩子时，可以采取不经意间自言自语说出来的策略。或是在孩子也能听到的情况下，向第三人说出我们的想法。

在目送孩子出门上学时，在说完"路上注意安全"后，还可以低声自言自语道："这孩子最近真是越来越让人放心了！"

孩子看电视时，夫妻两人可以假装在闲谈，你一言我一语：

"上次考试，咱们孩子真的是努力学习了！"

"是吗？真好！"

人在放松时所听到的话，会真正进入到人的潜意识。在青春期，即使我们不与孩子正面沟通，也依然可以向孩子传递信息："爸爸妈妈有在好好守护你的成长呀""爸爸妈妈十分认可你的努力哦！"

不过，这个方法只适用于表扬孩子。如果用这种方式批评孩子，可能会极大地伤害他们的心灵。

【夫妻篇】

有很多全职主妇都感觉：老公根本听不进去我说的话。

全职主妇都特别希望丈夫下班回家后，能够关心一下自己白天在家发生的事。可自己说的话总是被打断，或者话还没说完，丈夫就打开电视看了起来。这都会令妻子抓狂和不满。

如果我们站在丈夫的立场上考虑一下，是什么情形呢？

在外辛苦工作了一整天，拖着十分疲惫的身体回到家，妻子连一句"你上班辛苦啦"这样安慰的话都不说，开口就是种种琐碎的事情，丈夫当然会觉得妻子很吵。

这样下去，夫妻双方会一直像两条平行线，无法产生交集，而且也会不断积攒压力。

出现这种情形，最重要的原因还是说话时机不对。

不论在什么场合，"让别人愿意听你说话的诀窍"里肯定都包含着"时机"这个关键点。

我们要耐心等待一个对方愿意倾听的时机。

疲惫的丈夫回到家，连领带都没来得及解，妻子就凑过来："你听我跟你讲……"此时，丈夫的身心都还没有做好听妻子说话的准备，当然会不耐烦。

最好是在丈夫换完衣服后，给他端一杯啤酒，并对他说"今天上班辛苦了！"

等疲惫的丈夫稍稍喘口气，再跟他说"今天发生了……"。

但是，说完这句话后要稍稍暂停一下。

或者跟他说"今天发生了一件不得了的事！"然后不再接着说下去。

这个就叫作点到为止。

丈夫的好奇心被勾起后，会主动询问你"今天发生了什么不得了的事啊？"。

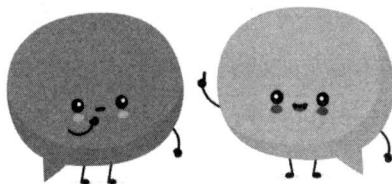

【夸奖】

如果上司想要夸奖下属，可以采取上一节亲子篇中提到的"自言自语大作战"或者"第三方介入大作战"。

当面夸奖人虽然也可以，但上司不经意间的认同和赞美要比起当面夸奖的效果更好。

我以前认识的一位女老板，她也说："对下属不能直接夸奖，而是要告诉第三人：'最近某某某做的真不错！'"

这句话会间接传到当事人耳朵里。**这种间接夸奖会更加令员工开心**，得到肯定后，员工也会在之后的工作中更加努力。

【训斥】

训斥下属，需要发挥"WE"关系的作用。

如果能和下属建立起"WE"关系，下属就会支持、追随自己的上司，也能坦然地接受上司的意见。

一旦与下属构建起了"我们"的关系，上司就不必语言粗暴，大发雷霆；也不用喋喋不休，对下属没完没了地说教。即使不这么做，下属也会理解并接受上司的批评。

话说回来，发火和说教的一方本身也会不悦。任由怒气席卷而来，只会令自己更加生气。

在发完火后，还会感到尴尬。再见到被自己训斥的下属时，气氛也会变得凝重。上司在内心甚至会怀疑：他会不会开始恨我了啊？

另一方面，被迫要听上司喋喋不休的说教时，下属又会怎么想呢？

在上司面前，虽然暂且会一脸顺从，但是内心肯定会想："又来了又来了，真是烦死了！"根本不会听上司到底在说什么。

人们本来就不喜欢听说教之词，大多都只是表面装作在听。

所以不论上司如何大发雷霆，如何喋喋不休，都是在浪费时间。

因为人们无法强迫别人听自己说话，听还是不听，选择权在听话者手中。

那么，作为上司，怎样才能有效批评下属呢？

首先，上司必须清楚批评的真正目的。归根结底，批评是为了让下属认识并改正自己的错误，上司只需达到这个目标即可。

若想让下属听得进去批评，首先可以肯定的是，上司不可以发火或者说教，因为下属对这种话会充耳不闻。

那么要怎样做才能让对方听进去我们想要传达的信息呢？

这就需要让下属自己思考，且能认识到并理解自己的错误。

此时，上司只需简单说明其中的道理即可。

在这个过程中，关键点在于，要让下属自己思考并意识到自己的问题，所以上司不能单方面地说，而是要慢慢地引导下属，通过提问与其谈话。

进行谈话时，上司也要注意营造氛围，以此来让下属更容易回答自己的问题。

　　首先，可以找一个只有你们两人独处的地点，比如会议室或接待室等。下属也是要面子的，如果被当众训斥，会令他们十分丢人。所以要选择其他同事看不到的地方与其谈话。

　　其次，谈话时不能让下属有威慑感。双方要同时坐下来，保证两人的视线在同一个高度。此外，双方不能正面相坐，应该呈90度角坐在一张桌子拐角的两边。

　　站着谈话时也要遵循这个原则，呈90度站立。

　　在这种氛围下，上司再以平静的口吻与其交谈，不断引导下属说出自己的意见。

　　此时，绝对不能逼问下属，否则会令对方保持沉默，固执己见，再也听不进去你的话。

　　如果对方有回应，那也请你先不要否定他的意见，不要使用"但是……""话虽如此……"等表示转折关系的词。

　　若能做到这几点，下属便会对你放下戒备，情绪也会逐渐放松，从而才会慢慢接受你的意见。

"我明白你当时的想法了。那如果你是客人，遇到这种事你会怎么想呢？"

像这样换个视角，引导下属发现问题，并解决问题。

此时上司可以给出提示："如果换作是我，我可能会这样做。"

面对如此通情达理的上司，下属心里会想："我愿意一辈子在这种上司手底下工作！""我也想变成这种大度又睿智的上司！"

经过这样一番对话，"我们"的关系已经悄然建立。

正因为整个谈话过程中，上司一直在尊重下属。

所以相应地，下属也会尊重上司。

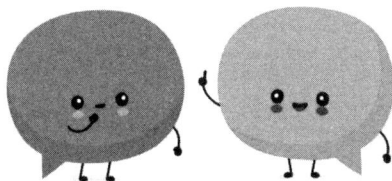

后　记

执笔之际，正值盛夏。某个清晨，我在《日经新闻》上看到了一篇报道，名为《一起克服"不会说话"！》

我想着："啊？该不会和我书里介绍的内容一样吧？"于是我就读了那篇报道，发现其实不太一样，那篇报道只提及了我在本书中也介绍过的 PREP 框架。

不过，报道中刊登着一个问卷调查结果。其调查对象是一千名上班族，调查主题是"你在为哪一项工作技能而苦恼"。结果显示：得票最多的是"沟通能力"，约占全部结果的四分之一（24.2%）。

如此看来，大家还是非常在意自己的"沟通能力"。而且大家也相信，如果自己的沟通能力能够提高，那工作上的许多事情也能随之顺利进行。

但是，我想请大家仔细考虑一下。

不论你多么会说话，都不能强迫别人听你说话。因为所谓"听"这个动作，是听话者的主观行为，意指对方能够捕捉并理解说话者发出的声音（所讲的内容）。

听抑或是不听，选择权在听话者手中。听话者如果一个人决定不听你讲话，那不论你采取什么手段，都不可能强制对方听。

让别人愿意听你说话，意思是让听话者自主地选择"听"。

说话者所能做的事情，不过是力所能及地花心思，让对方产生想听的欲望。因为"听"这个行为并不能强制进行。

最后，我也想告诉大家一个让别人愿意听你说话的终极奥秘。

那就是说话时，**站在对方的角度**。

你可能会想，这算什么终极奥秘啊！但大部分人都做不到这一点。

正因如此，这短短的一句话才蕴含着巨大的价值。也正因为我们都很难将这句话付诸实践，所以我才介绍了这么多的诀窍和技巧。

我衷心地希望读者朋友们在读完本书后能够告诉我："我实践了这本书里的某个技巧，竟然真的有用！"同时，我也十分期待某天能够有机会当面和大家交流，或当面听一次大家的演讲。

本书从个人激励大师——石井裕之先生的著作及其讲座中，获得了许多灵感和启发。可以说，没有和石井老师的相遇，就不可能有本书的问世。在此，我也想向石井老师表示衷心的感谢！

最后，我想对日本 Sunmark 出版社的新井一哉先生和广播电视作家白鸟美子女士表示由衷的感谢！承蒙他们的关照，本书才能顺利出版。鄙人感激不尽！

小川直树

作者简介

小川直树

1961 年出生于日本东京。上智大学语言学专业博士课程前期结业，英语语言学家，改善沟通能力的专家顾问。Heart-to-Heart Communications 公司董事长。津田塾大学非常勤讲师。太极拳教练。

曾在立教女子学院短期大学、圣德大学等学校教授英语和英语语言学，执教 20 年有余。为了推广自己多年潜心研究的成果，于 2013 年辞去大学教职，创立 Heart-to-Heart Communications 公司（公司官网：http://www.hth-c.net/）。聚焦于英语语音教学和沟通交流，编著了多本书籍、开展各类讲座和咨询活动。

在大学教书期间，因工作于女子大学，学生多为女性，所以他尝试摸索了许多指导女学生学习的方法。基于此经历以及丰富的语言学知识，他开始从事研究沟通技巧。其效果显著，教学评价也是常年取得高分。截至 2013 年，他在圣德大学工作期间，于 2009 年度至 2013 年度短短 4 年间，担任了 6 次教师资格证更新讲座的讲师。他不断钻研教龄 10—30 年的资深英语教师的课程，与此同时，其关于上课满意度的课后问卷得分也常年位居学校前列，并两次获得满意度第一名。

在英语发音领域，他独创了舞动手指和身体即可快乐学发音的方法。同时开发了"发音体操①"（https://www.youtube.com/watch?v=_63DxQeu5Z4）。教授的学员，从小学教师到知名 IT 公司及外企职员，涉猎多个领域。同时，面向英语教师和一般学生开设了各类英语发音的讲座与研讨会（讲座相关信息和英语学习方法可查阅网站 https://www.hth-c.net/，本网站登载了电子漫画《向着更流利的英语出发！》）

主要著作有《两周速成——让耳朵习惯英语听力》《说英语前 6 小时　你必须掌握的技术》（均为 ALC 出版）《想说正宗的英式口音！UK 发音完美指南》《想让我的英式口音再纯正一些！UK 语调完美指南》《英式发音教科书》等等。